# Das Europa der 25

D1724230

# Mönchengladbacher Gespräche

## 26

Veröffentlichungen der
Katholischen Sozialwissenschaftlichen Zentralstelle
Mönchengladbach

Anton Rauscher, Hg.

# Das Europa der 25

J. P. Bachem Verlag Köln

Die Deutsche Bibliothek – CIP-Einheitsaufnahme

**Das Europa der 25**
Anton Rauscher, Hg., – Köln : Bachem, 2006
  (Mönchengladbacher Gespräche ; 26)
  ISBN 3-7616-2030-6
NE: Rauscher, Anton [Hrsg.]; Mönchengladbacher Gespräch:
  Mönchengladbacher Gespräche


© J. P. Bachem Verlag, Köln 2006
Einbandentwurf: Bettina Dyhringer, Köln
Satz und Redaktion: Katholische Sozialwissenschaftliche
  Zentralstelle Mönchengladbach
Druck: Druckerei J. P. Bachem GmbH & Co. KG, Köln
Printed in Germany
ISBN 3-7616-2030-6

# Inhalt

Die Europäische Union ist durch den im Jahre 2004
erfolgten Beitritt von zehn Ländern auf 25 Mitgliedsstaaten gewachsen. Acht der neuen Länder gehörten
zum ehemals kommunistischen Machtbereich, in dem
die Menschen schon lange den Tag herbeisehnten, an
dem die Grenzen, die Europa geteilt hatten, fallen wür-
den. Die Teilung Europas ist überwunden. Die große
Mehrheit der Menschen in den neuen Ländern sieht in
der Europäischen Union eine Gemeinschaft, in der die
Freiheit, die Solidarität, das Recht und die Gerechtigkeit die tragenden Grundwerte sind, in der jedes Land,
ob groß oder klein, seine eigene nationale Identität
behält und nicht irgendwelchen imperialen Herrschafts-
ansprüchen untergeordnet wird, in der also der Grundsatz der „Einheit in wohlgegliederter Vielheit" gelten
soll, in der Arbeit und Ideen, die unternehmerische
Initiative und die sparsame Verwendung der Ressourcen die Entwicklung in allen gesellschaftlichen Lebensbereichen beeinflußt haben. Die prägende geistig-
geistliche Grundlage und Klammer dieses Europa ist –
auch wenn viele Fragen, Zweifel und Gegenkräfte im
Laufe der Geschichte wirksam geworden sind – der
Glaube an Jesus Christus als den Mensch gewordenen
Sohn Gottes. Und es ist die Gemeinschaft der Christen
in der Kirche, die die christliche Kultur dieses Kontinents geprägt hat. Ich brauche nur an den Grundsatz des
„Ora et labora" zu erinnern, den der heilige Benedikt
von Nursia seiner Ordensgründung mit auf den Weg
gab. In allen Teilen Europas sind seit dem 6. Jahrhundert viele Männer und Frauen diesem Ruf gefolgt und
haben sich in den überall entstehenden Benediktiner-
klöstern zusammengefunden. Wenn der neue Papst den
Namen Benedikt angenommen hat, dann knüpft er
bewußt daran an, daß Benedikt Patron Europas ist –

zusammen mit Cyrill und Methodios, den Aposteln der slawischen Völker im 9. Jahrhundert.

Gewiß: auch die christliche Kultur Europas konnte nicht verhindern, daß Christen immer wieder Schuld auf sich geladen haben, Leid und Unrecht zufügten, Haß und Gewalt anwandten, mörderische Kriege führten und Verfolgungen ausbrachen. Wir können all dies nicht abschütteln, es bleibt die Last der Geschichte. Aber sie birgt auch das viele Gute und Gerechte, das wir bis heute der christlichen Kultur verdanken.

Der Beitritt der neuen Länder zur Europäischen Union fällt in eine Zeit, in der in den alten Ländern der Elan für das gemeinsame Europa erlahmt ist. Es sind nicht nur die gewaltigen wirtschaftlichen und sozialen Reformen, die uns die historische Wende von 1989/90 und die dadurch ausgelöste „Globalisierung" abverlangen. Wie schwer es ist, die Strukturen, aber auch die Mentalitäten zu ändern, erfahren wir im Prozeß der Wiedervereinigung Deutschlands. Angesichts der Massenarbeitslosigkeit und der Einschnitte ins soziale Netz wächst in den alten Ländern die Sorge, ob die Erweiterung Europas verkraftbar ist und uns womöglich überfordert. Wenn in dieser Situation auch noch politisch die Weichen für den Beitritt weiterer Länder gestellt werden, dann wird man wohl fragen müssen, ob dadurch die inneren Bindungen in und an Europa nicht geschwächt werden, ob dadurch Europa nicht den Weg hin zu einer bloßen Wirtschaftsgemeinschaft einschlagen würde. Warum über die Idee einer „privilegierten Partnerschaft" im Falle der Türkei und auch anderer Länder nicht stärker nachgedacht wird, ist vielen Bürgern unverständlich. Die Gestaltung Europas ist und bleibt eine Herausforderung nicht nur für die Politik, sondern auch für die Bürger und Christen des Kontinents.

Mönchengladbach, im April 2006          *Anton Rauscher*
Direktor der KSZ

# Grußwort des Oberbürgermeisters der Stadt Mönchengladbach

Ich begrüße Sie herzlich hier im Ratssaal des Rathauses Abtei, in dem seit Ende des 10. Jahrhunderts über 800 Jahre Benediktinermönche wohnten, beteten und arbeiten, zu Ihrer diesjährigen Sozialethiker-Tagung. Heute und morgen werden Sie sich an diesem geschichtsträchtigen Ort mit wichtigen Fragen zur Osterweiterung der Europäischen Union befassen – ein ebenso bedeutendes und vielschichtiges wie zukunftsweisendes Thema.

Das Jahr 2004 markiert einen Meilenstein in der Geschichte der europäischen Einigung. Seit dem 1. Mai, dem Sondergipfel in Dublin, bei dem zehn neue Mitgliedstaaten feierlich in die Europäische Union aufgenommen wurden, besteht die EU – wir wissen es alle – aus 25 Staaten. Neben den drei baltischen Staaten Estland, Lettland und Litauen gehören nun auch die osteuropäischen Staaten Polen, Ungarn, Tschechien, Slowakei und Slowenien sowie die Mittelmeerinseln Malta und der griechische Teil von Zypern zur EU. Indem ich diese Länder nenne, heiße ich sie von Mönchengladbach aus herzlich willkommen in der Gemeinschaft.

Dieses „Europa der 25" bildet nun den größten Wirtschaftsraum der Welt, in dem 455 Millionen Menschen leben. Und es stellt einen Kulturraum mit einer langen Geschichte dar. Eine beachtliche Entwicklung, wie ich finde, wenn man bedenkt, dass alles 1951 mit sechs Mitgliedern und der Unterzeichnung der Verträge zur Europäischen Gemeinschaft für Kohle und Stahl begann. Und der Erweiterungsprozess ist damit noch nicht abgeschlossen. Bulgarien und Rumänien hoffen bis 2007 beizutreten; der Beitritt der Türkei wird weiter diskutiert.

Genau an diesem offenen Gestaltungsprozess, der begleitet ist von Chancen und Risiken, von Orientierung und Orientierungslosigkeit, von geistiger und kirchlicher Erneuerung, von Stabilität und Fragilität – genau da setzt Ihre diesjährige Tagung an.

Die EU, meine sehr verehrten Damen und Herren, kann man aus unzähligen Gesichtspunkten betrachten. Sie tun das aus dem Blickwinkel der christlichen Soziallehre. Für die Stadt Mönchengladbach, die in der Tradition des Volksvereins und des sozialen Katholizismus steht, ist die Sozialethiker-Tagung zu einer festen Einrichtung, gewissermaßen zu einem „Markenzeichen" geworden. Damit gehen von unserer Stadt ganz entscheidende Impulse zur Gestaltung des kirchlichen, gesellschaftlichen, wirtschaftlichen sowie politischen Lebens aus. Dafür danke ich Ihnen.

Die sozialen Herausforderungen der Gegenwart sind heute selbstverständlich andere als vor über vierzig Jahren, als die Katholische Sozialwissenschaftliche Zentralstelle gegründet wurde. Geblieben sind die Herausforderungen, in deren Spannungsfeld sich stets der Mensch befindet. Sie erfordern Engagement, Verantwortung und ethische Überlegungen von jedem Einzelnen. In diesem Zusammenhang erwarte ich von der KSZ, dass sie auch weiterhin – auf der Grundlage des christlichen Menschenbildes – drängende Probleme aufzeigt, sie deutlich benennt, Lösungswege diskutiert und deren praktische Umsetzung aufzeigt. Gerade im Hinblick auf das Thema Europa erwarte ich mir spannende, zukunftsweisende Diskussionen.

Ich wünsche Ihnen, meine sehr geehrten Damen und Herren, eine erfolgreiche Tagung, fruchtbare Diskussionen und einen angenehmen Aufenthalt in unserer Stadt.

*Norbert Bude*

Elmar Brok

# Hat Europa seine Gestalt gefunden?

*Die EU wächst – und muss sich ändern!*

Am 1. Mai 2004 sind der Europäischen Union zehn neue Mitgliedsstaaten beigetreten. Damit ist die Europäische Union auf 25 Mitglieder gewachsen und mit ihr die Bevölkerung von bisher 380 Millionen Einwohner auf 454 Millionen Einwohner. Auch wirtschaftlich ist die EU gewachsen: Mit der Erweiterung erhöhte sich das Bruttoinlandsprodukt (BIP) der EU von 9.17 Milliarden Euro auf 9.61 Milliarden Euro (in Zahlen von 2002). Pro Kopf schlägt sich die Erweiterung allerdings in einer Reduzierung des BIP um 9 Prozent nieder.

Diese Zahlen spiegeln eine deutliche Schieflage wider: Während die Bevölkerung um nahezu 20 Prozent wächst, steigt die Wirtschaftsleistung lediglich um fünf Prozent. Entsprechend setzte eine große Diskussion in Europa ein: „Was bringt uns die Erweiterung?" war die Frage, die vor allem in den alten Mitgliedsländern von allen Teilen der Gesellschaft kritisch gestellt wurde. „Lohndumping" und „Arbeitsplatzexport" waren häufige Schlagworte in den Zeitungen. Kritisiert wurde auch, dass – während Europa scheinbar ständig wächst – der einzelne Mensch und die Werte, die uns wichtig sind, auf der Strecke zu bleiben scheinen. Als Frankreich und die Niederlande in einem Referendum über die Verfassung mit „Nein" stimmten, stürzte die EU in eine Krise. Während viele Europäer ihren Protest über eine realitätsferne und bürokratische Union ausdrücken wollten, waren andere entsetzt, dass mit der Ablehnung der Verfassung auch die anvisierten Reformen in weite Ferne rückten. Der Streit um die künftige Gestalt Europas war und ist vollends entbrannt.

Die EU befindet sich offensichtlich in einer Transformationsphase, in deren Mittelpunkt drei Fragen stehen:

1. Wie weit kann die EU wirtschaftlich und geografisch noch wachsen?
2. Welche Werte teilen wir in der EU?
3. Wie muss die institutionelle Struktur der EU künftig umgestaltet werden?

Bereits heute ist klar, dass die Osterweiterung der EU ein Erfolg war. Im Folgenden soll aber gerade auch deswegen betrachtet werden, ob wir die EU noch weiter ausdehnen können und ob wir dabei nicht zuletzt auch mit unseren gemeinsamen Werten an Grenzen stoßen. In der EU bildet unser christliches Erbe unsere gemeinsame Wertgrundlage. Dies wird mit der neuen Europäischen Verfassung festgeschrieben. Aber auch im institutionellen Bereich fällt der Verfassung eine Schlüsselrolle zu, da sie dort dringend benötigte Reformen mit sich bringen wird.

## *Die Erweiterung der EU – eine endlose Geschichte?*

Positive Bilanz nach der Osterweiterung

Trotz der kritischen Stimmen hat sich ein Jahr nach der Erweiterung der EU nach Osten herausgestellt, dass das Projekt ein Erfolg war. In der Frage um die Zuwanderung von Arbeitskräften aus den neuen „Billiglohnländern" wird häufig übersehen, dass die Arbeitnehmerfreizügigkeit für die meisten neuen EU-Länder noch auf Jahre hin eingeschränkt bleibt. Abkommen über Obergrenzen für die Zahl zuwandernder Arbeitskräfte verhindern also Lohndumping und eine zu große Belastung der Arbeitsmärkte der 15 EU-Länder. Es liegt an Deutschland, diese Möglichkeiten der Einschränkung zu nutzen und diese genau zu überwachen, statt von den hausgemachten Problemen abzulenken.

Unbestritten ist auch, dass Europas größte Volkswirtschaft, Deutschland, von allen 15 EU-Ländern mit Abstand am stärksten vom Aufschwung in den neuen Mitgliedsstaaten profitiert. Das Bundesministerium der Finanzen schätzt den damit einhergehenden Wachstumsschub auf bis zu einen halben Prozentpunkt des deutschen BIP (das waren 2004 etwa 109 Milliarden Euro). Insgesamt kamen im Jahr 2004 über 40 Prozent aller Exporte der 15 EU-Länder in die neuen Mitgliedsstaaten aus Deutschland. Die im gleichen Jahr um 8,5 Prozent gestiegenen deutschen Ausfuhren in diese Länder tragen dazu bei, in Deutschland wichtige Arbeitsplätze zu sichern. Auch der deutsche Mittelstand zieht ein positives Fazit: Nur jeder zehnte Unternehmer sieht vor allem negative Auswirkungen, während fast jeder dritte positive Effekte durch die Erweiterung verzeichnen kann.

Die erfolgreiche Osterweiterung hat den alten EU-Mitgliedern neue Absatzmärkte beschert: Der Absatz hier ist inzwischen größer als der Absatz auf dem US-Markt und steigt weiter rasant an. Deutschland erwirtschaftet hier einen Überschuss von fast 50 Prozent. Wichtig: In einer bloßen Zollunion ohne EU-Mitgliedschaft hätten die neuen EU-Länder zweifellos ein geringeres Lohnwachstum und sie müssten nicht unsere Sicherheits-, Umwelt- und Sozialstandards erfüllen. Dennoch reichten einzelne Beispiele ökonomischer Belastungen – etwa bei Scheinselbständigen im Dienstleistungsbereich – aus, um die Stimmung stark aufzuheizen und in der Erweiterung den Sündenbock für die eigenen Schwächen zu sehen. Deshalb müssen die zuständigen Staaten, aber auch die EU, im Hinblick auf mögliche kommende Erweiterungsrunden mehr Sensibilität walten lassen. Die Menschen müssen das Gefühl haben, dass nicht alles automatisch geht. Erweiterungen dürfen nur noch dann kommen, wenn sie wirklich sinnvoll sind.

Erweiterungen um neue Vollmitglieder der EU erfüllen einen bestimmten Zweck. Sie sollen Garant für

Frieden, Stabilität, Wohlstand, Demokratie und Rechtsstaatlichkeit sein, bei uns und unseren Nachbarn. Daher ist es auch in Zukunft notwendig zu prüfen, ob diese Hauptgründe bei allen nun folgenden Kandidaten gegeben sind. Auch die Erfüllung der so genannten Kopenhagener-Beitrittskriterien muss genau geprüft werden. In der angespannten wirtschaftlichen Lage der EU, aber auch aus institutionellen Gründen gehört auch das Kriterium der Erweiterungsfähigkeit der EU dazu. Mit den heutigen 25 Staaten ist die EU bereits institutionell, politisch, soziokulturell und vor allem ökonomisch an ihre Grenzen gestoßen. Das Politische und Institutionelle wird sichtbar, wenn man sich verdeutlicht, dass die EU mit 25 Staaten mit den geltenden Vetorechten im Rat oft überhaupt nicht mehr entscheiden können wird. Diese Aspekte müssen früh bewertet werden, damit den Beitrittsaspiranten nicht jahrelang etwas versprochen wird, was am Ende nicht haltbar ist. Allen muss klar sein, dass die Aufnahmefähigkeit – wie die anderen Kopenhagener Kriterien – entscheidend sein kann. Auch wenn ein Kandidat seinerseits alle Bedingungen erfüllen sollte, kann er nicht aufgenommen werden, wenn dieses Kriterium nicht gegeben ist.

Die Türkei als privilegierter Partner der EU

Gerade auf Grund der Größe der Türkei wird die Frage der Aufnahmefähigkeit auch bei den Beitrittsverhandlungen mit der Türkei eine wichtige Rolle spielen. Darüber hinaus bestehen aber auch noch andere Bedenken gegenüber der Vollmitgliedschaft des Landes. So gibt es immer noch keinen Beweis für einen funktionierenden demokratischen Rechtsstaat in der Türkei.

Unabhängig von der Gesetzeslage erreichen uns noch immer zahlreiche beunruhigende Meldungen über Menschenrechtsverletzungen. Nichtregierungsorganisationen in der Türkei zeichnen immer noch ein düsteres Bild. Der Bericht der Kommission im Jahre 2003 dokumentierte über 500 Folterungen. Die Religionsfreiheit wird bis heute stark eingeschränkt, insbesondere für die Griechisch Orthodoxe Kirche. Aber auch die Meinungsfreiheit, die Rechte der Frauen sowie der Einfluss alter administrativer, institutioneller und militärischer Strukturen machen die Erfüllung der politischen Kriterien ebenso zweifelhaft wie die gesellschaftliche Wirklichkeit, z. B. mit Blick auf so genannte „Ehrenmorde" oder „Kindesehen".

Nicht übergehen lässt sich zudem die Nichtanerkennung des EU-Mitglieds Zypern durch den Kandidaten Türkei. Seit der Besetzung des Nordens der Insel 1974 bleibt dies ein wunder Punkt. Im Dezember 2004 gab die Türkei die nur schwache Zusicherung, wenigstens ein Erweiterungsprotokoll mit der EU zu unterzeichnen, um bestehende Verträge auf die erweiterte Union auszuweiten, was Zypern einschließt und dieses damit indirekt anerkennt. Dennoch hat die Türkei dies später an eine einseitige Erklärung geknüpft, der zufolge das Protokoll ausdrücklich keine Anerkennung Zyperns bedeute. Das bedeutet, dass selbst der Minimalkompromiss vom Dezember 2004 noch unterlaufen wird. Es ist schwer vorstellbar, dass jemand Mitglied einer Gemeinschaft wird, der dabei darauf beharrt, dass ein anderes Mitglied gar nicht existiert.

Neben Zypern hat die Türkei hoch problematische Verhältnisse zu weiteren Nachbarstaaten. An der Grenze zum Irak manifestiert sich die Kurdenfrage. Die Beziehungen zum östlichen Nachbarn Armenien sind quasi inexistent, da sich die Türkei beharrlich weigert, den Völkermord an den Armeniern zwischen 1915 und 1925 anzuerkennen. Wer dieses Thema öffentlich behandelt, riskiert immer noch Verfolgung. Fast alle diese Punkte diskutiert die EU mit der Türkei seit Jahren. Schon 1995, beim Eintritt in die Zollunion mit der EU, hat die Türkei Veränderungen hin zu mehr Rechtsstaatlichkeit und Demokratie versprochen. Obwohl dies der Grund für die Zustimmung der EU war, ist anschließend wenig passiert. Die Regierung Erdogan hat nun einiges auf dem Papier verändert, die Implementierung steht aber oft noch aus.

Um nicht missverstanden zu werden: Eine reform-orientierte, europäische Perspektive der Türkei muss unterstützt werden. Sie muss aber auf der Basis der Klarheit und Wahrheit begründet sein, wenn sie tragfähig sein soll. Gebraucht wird daher mindestens eine Zwischenstufe, die bereits eine klare europäische Perspektive darstellt und die auch klar über die üblichen Politiken gegenüber anderen Nachbarn der EU hinausgeht – jedoch unterhalb der Vollmitgliedschaft. Diesen Status als EU-Nachbar zu erreichen muss als ein starkes psychologisches Signal an die eigene Bevölkerung gesehen werden, im Schoße Europas anzukommen. Er muss mit der Aussicht auf ökonomischen Erfolg und letztlich auch mit der Option einer später folgenden Mitgliedschaft verbunden sein – nur eben erst bei deutlich stärker nachgewiesener Konvergenz. In Anlehnung an das sicher auch vorbildhaft wirkende Norwegen habe ich daher die Idee des „Europäischen Wirtschaftsraumes plus (EWR plus)" angeregt. In jedem Falle muss es eine deutliche Privilegierte Partnerschaft sein.

Analog zum Beispiel der Türkei ließen sich damit auch Antworten auf die Beitrittsaspirationen anderer Länder wie etwa Kroatien, Montenegro, Bosnien, Serbien, Albanien, Ukraine, Moldawien, Weißrussland, der ehemaligen jugoslawischen Republik Mazedonien und dem Kosovo finden. Natürlich ist es in unserem ureigensten Interesse, in all diesen Ländern Frieden, Stabilität, Wohlstand, Demokratie und Rechsstaatlichkeit vorzufinden. Wenn diese Länder dies wünschen, dann sollten wir das dafür am besten geeignete Mittel nutzen: ihnen eine europäische Perspektive bieten. Es ist aber ebenso im Interesse aller Beteiligten, wenn die heutige EU ihre eigene Stabilität und ihren Wohlstand bewahrt, und nicht durch Überdehnung zerbricht. Historisch sind viele Staatengebilde zum Zeitpunkt ihrer größten Ausdehnung gescheitert. Die Vollmitgliedschaft darf daher nicht länger die einzige Möglichkeit politischen Handelns bleiben.

## *Für ein Europa mit gemeinsamen Werten*

Christliches in der Verfassung

Allerdings machen sich die Menschen in Europa nicht nur Sorgen über eine wirtschaftliche oder geografische Überdehnung der Europäischen Union. Auch die Frage, welchen Platz der einzelne in unserer Gesellschaft einnimmt und welche Werte wir teilen, spielt eine große Rolle. Die Europäische Verfassung gibt hierauf eine Antwort. In diesem Dokument sind so weitgehend wie nie zuvor die Grundwerte, die wir in Europa gemeinsam vertreten, verankert.

Europa ist historisch und kulturell auf einem Menschenbild aufgebaut, das aus der jüdisch-christlichen Entwicklung kommt und neben diesem auch von der griechischen Philosophie und dem römischen Rechtsdenken geprägt ist. Es ist wichtig, dass wir dieses als wesentliche Bestandteile europäischer Politik in der Praxis ansetzen.

Nicht nur deshalb hat es eine intensive Kommunikation zwischen Kirchen und Politik über den Verfassungsentwurf gegeben. In dieser Auseinandersetzung gab es Vorschläge, einen Gottesbezug in die Verfassung hereinzubringen. Dies wäre ein guter Ansatzpunkt gewesen, wie das Verhältnis von Kirche und Politik in Zukunft gestaltet werden kann. Ein Gottesbezug ist allerdings nicht in dem Sinne gemeint, dass man sich abschließt. So wäre es beispielsweise gut möglich gewesen, die polnische Formulierung zu übernehmen, die sich auf Werte berief, die aus dem Glauben an Gott oder auch aus anderen Quellen gespeist sein können. Dadurch wäre deutlich geworden, dass kein Alleinvertretungsanspruch besteht. Aber der Bezug auf Gott wäre eine Hilfe für die Kirchen gewesen, in der praktischen

Politik die Politiker durch die Verfassung daran zu mahnen, dass unsere Entscheidungen immer nur das Vorletzte sein können und dass es eine transzendentale Instanz gibt, die das letzte Wort zu sprechen hat.

Dennoch ist der religiöse Bezug dieser Verfassung mehrfach dargelegt und erhält in der Charta der Grundrechte, Teil II der Verfassung, auch einen politisch und juristisch bindenden Ausdruck. In der Präambel der Charta steht: „In dem Bewusstsein ihres geistig-religiösen und sittlichen Erbes gründet sich die Union auf der unteilbaren universellen Würde des Menschen, der Freiheit, der Gleichheit und der Solidarität." Und in der Präambel der Verfassung insgesamt heißt es: „schöpfend aus dem kulturellen, religiösen und humanistischen Erbe Europas."

Die Ergänzung der Stelle zum religiösen Erbe durch „jüdischen, insbesondere des jüdisch-christlichen" war trotz der historisch richtigen Beschreibung nicht durchsetzbar. Dies ist bedingt durch die sehr unterschiedliche Positionen der Mitgliedsstaaten. So ist es etwa für unsere französischen Nachbarn nicht vorstellbar, einen Gottesbezug in der Verfassung zu haben, weil dort die laizistische Organisation des Staates zutiefst im Bewusstsein verankert ist. Die politischen Kräfte haben eben ihre unterschiedlichen Traditionen. Das heißt, der Gottesbezug war nicht durchsetzbar, weil es in dieser Frage trotz guter Gründe und trotz der richtigen historischen Einordnung keine gemeinsame Basis gab, einen Konsens herzustellen. An diesem Punkt wird offensichtlich, dass in der Frage der Werte heute nichts mehr selbstverständlich läuft, sondern dass es bei ihrer Durchsetzung eines beständigen politischen Einsatzes bedarf.

Für diese Auseinandersetzung zur Durchsetzung von Werten wird die Charta der Grundrechte der Verfassungen einen unschätzbaren Fortschritt bedeuten. Wir müssen dafür sorgen, dass in Zukunft jeder einzelne Bürger, Schutz- und Anspruchsrechte hat, die er einklagen kann, wenn er sich in seinen Grundwerten beeinträchtigt fühlt. Denn auf diese Art und Weise müssen sich Gesetzgebung wie auch die Durchführung europäischer Politik auf allen Ebenen an diesen Werten orientieren. Es ist notwendig, das in Zukunft europäische Gesetzgebung in jedem Einzelfall gerichtlich überprüft werden kann, ob sie diesem Wertekanon der Verfassung entspricht. Eine Europäische Union, die geschichtlich aus der wirtschaftlichen Integration entstanden ist und die deswegen bisher sehr mechanisch wirkt, wird mit dieser Verfassung eine Werteordnung erhalten, die nicht nur als Argument im politischen Kampf dient, sondern die auch gerichtlichen Schutz und Anspruch ermöglicht, und zwar im Einzelfall wie auch in der Normenkontrolle der Gesetzgebung insgesamt.

## Die Charta der Grundrechte

Es ist ein wesentlicher Fortschritt, dass die Charta der Grundrechte sehr stark auf dem christlichen Menschbild aufbaut. Der erste Artikel dieser Charta lautet genauso wie der erste Artikel des Grundgesetzes: „Die Würde des Menschen ist unantastbar." Das ist eine wesentliche Position, die mit dem christlichen Menschenbild vereinbar ist. Die Person ist einbezogen in eine soziale Verantwortung, so dass die Individualperson wie auch die Sozialnatur des Menschen Träger dieser Grundwerte sind. Daran knüpfen sich viele einzelne Punkte vom Recht auf Leben bis hin zu Religionsfreiheit und dem Bezug zu Ehe und Familie, soweit sie in den Zuständigkeitsbereich der EU fallen. Der Umfang ist also begrenzt, denn zum Beispiel kann eine Ehe- und Familienpolitik, die auf nationaler Ebene gescheitert ist, nicht auf europäischer Ebene gerettet werden, wenn dieser die Zuständigkeit dafür fehlt.

Die Verfassung geht allerdings noch über die genannten Aspekte hinaus. Dies betrifft beispielsweise Regelungen, die im Grundgesetz nicht enthalten sind, da sie 1949 noch kein Thema waren. So heißt es beispielsweise: „Im Rahmen der Medizin und der Biologie muss insbesondere Folgendes bedacht werden: das Verbot des reproduktiven Klonens von Menschen." Als Bestandteil der Verfassung werden eugenische Praktiken verboten, insbesondere diejenigen, welche die Selektion von Menschen zum Ziel haben. Diese Fragen stehen in enger Beziehung zur Menschenwürde und insbesondere auch zum christlichen Verständnis vom Menschen.

## Die Rolle der Kirchen in der EU

Wie soll nun dieses Verhältnis von Kirche und Staat, von Kirche und Europäischer Union geregelt sein? Auch hier ist die Verfassung eindeutig und bestimmt den Status der Kirchen und anderen weltanschaulichen Gemeinschaften in einem eigenen Artikel (Artikel I-52). Dabei wurden zwei – sich eigentlich widersprechende – Positionen der Kirchen berücksichtigt. Zum einen wird das Kirchen-Staaten-Verhältnis weiter nach den Rechtsvorschriften der Mitgliedsstaaten geregelt. Das heißt, in das Kirchen-Staaten-Verhältnis kann die Europäische Union nicht eingreifen. Praktisch gesprochen dient dies dazu, dass ein Europäischer Wettbewerbskommissar sich niemals mit der Kirchensteuer beschäftigen kann. Das hat in vielen Aspekten eine große Bedeutung und akzeptiert, dass das Kirchen-Staaten-Verhältnis in unseren Mitgliedsländern historisch sehr unterschiedlich gewachsen ist.

Zum anderen steht in Artikel I-52, Absatz 3 aber etwas, was keiner anderen gesellschaftlichen Organisation in der Verfassung zugestanden wurde, nämlich: „Die Union pflegt mit diesen Kirchen und Gemeinschaften in Anerkennung ihrer Identität und ihres besonderen Beitrages einen offenen, transparenten und regelmäßigen Dialog." Das heißt, die Kirchen haben einen Rechtsanspruch darauf, von der Politik der Europäischen Union gehört zu werden. Im deutschen Grundgesetz ist dies nicht vorgesehen und geht auch über die meisten nationalen Verfassungen hinaus. Es ist aus diesem Grunde im Rahmen einer solchen Verfassung eine Anerkennung dessen, dass die Rolle der Kirchen auch auf der Ebene der Europäischen Union notwendig ist. Dies gilt im Großen wie im Kleinen. Die Kirchen sollten einen Wertebezug setzen und dabei auch Tagespolitik in einen großen Rahmen stellen. In manchen kleineren Fragen der Einzelgesetzgebung sollte daher vielleicht nur auf wenige bestimmte Punkte hingewiesen werden, um die hier beschriebene Rolle der Kirchen durchzusetzen.

## *Europa fit für die Zukunft machen*

Die Verfassung bringt einen institutionellen Fortschritt.

Mit der Europäischen Verfassung erhalten wir aber nicht nur ein Dokument, das unsere gemeinsamen, christlichen Werte verankert. Ihr Mehrwert wirkt sich vor allem im institutionellen Bereich und bei den Bürgerrechten aus. Wie bereits oben erwähnt, ist die EU mittlerweile auch institutionell an ihre Grenzen gestoßen – Reformen sind notwendig, um die Handlungs- und Wettbewerbsfähigkeit Europas zu erhalten. Auch in diesem Sinne sind die negativen Referenden zur Verfassung in den Niederlanden und Frankreich bedauerlich. Denn mit der Verfassung wurde in den beiden Ländern ein Dokument abgelehnt, das in vielen Bereichen Fortschritte bringen könnte und mit dem die EU in jedem Fall besser als mit der derzeitigen Rechtsgrundlage, dem Vertrag von Nizza, dastünde. Die EU braucht die Verfassung nach wie vor. Die enormen Vorteile des Vertrags lassen sich leicht an einigen Beispielen verdeutlichen.

Das viel beklagte Demokratiedefizit der Europäischen Union wird durch den Vertrag beseitigt. Das Europäische Parlament, als Vertreter der Bürger, ist dann gemeinsam mit dem Rat Gesetzgeber und Haushaltsbehörde. Das Europäische Parlament wird in Zukunft bei 85 Prozent der Gesetzgebung, insbesondere in allen Fällen der Mehrheitsentscheidung im Rat und beim gesamten Haushalt, mit dem Rat gleichberechtigt sein. Außerdem wird der Europäische Rat in Zukunft dem Europäischen Parlament zur Wahl des Kommissionspräsidenten einen Kandidaten im Lichte der Europawahl und nach Konsultation des Europäischen Parlaments vorschlagen.

Die Nation als bewährter Entscheidungsgeber bleibt dennoch klar bestehen. Im Rat wurde ein System geschaffen, bei dem die Mitgliedsstaaten einerseits im Falle gravierender Betroffenheit ihr Vetorecht behalten. Andererseits können im Regelfall Entscheidungen künftig häufiger von gestaltenden Mehrheiten getroffen und daher seltener blockiert werden.

Außerdem werden mit der Verfassung die Ratssitzungen, bei denen Gesetzgebungsakte beraten oder beschlossen werden, erstmals nicht mehr hinter verschlossenen Türen, sondern öffentlich stattfinden. Ferner sieht ein „Frühwarnsystem" ein Klagerecht jedes einzelnen nationalen Parlamentes vor. Auch die Bürger können mittels eines neuen „Bürgerbegehrens" Einfluss nehmen und die Kommission dort zum Handeln auffordern, wo dies notwendig erscheint.

Auch im Bereich der Außenpolitik bringt die Verfassung Fortschritte. Die Schaffung des Amtes eines Europäischen Außenministers, der Mitglied der Kommission, Hoher Beauftragter und Vorsitzender des Außenministerrates ist, und ein Europäischer Auswärtiger Dienst werden die Vertretung der Europäischen Union nach außen verbessern und verdeutlichen. Die Aufnahme einer Solidaritätsklausel gegen terroristische Angriffe und Katastrophen verankert die Union als eine Union des Friedens, basierend auf den Werten der Demokratie und Freiheit. Außerdem wird der EU Rechtspersönlichkeit verliehen.

Diese Liste lässt sich noch lange fortsetzen. Es wird schnell klar, dass die Verfassung das Potential hat, die

Reformen voranzubringen, die Europa braucht. Deswegen ist sie auch nach wie vor unverzichtbar.

## *Europa im Umbruch*

Europa befindet sich im Umbruch. Es ist deutlich geworden, dass die EU noch keineswegs ihre endgültige Gestalt gefunden hat. Wirtschaftlich und geografisch haben wir mit der Osterweiterung zwar einen wichtigen und erfolgreichen Schritt getan. Jetzt kommt es aber zunächst darauf an, in einer Phase der Konsolidierung die Handlungsfähigkeit der Union zu sichern. Vorher wäre die Aufnahme weiterer Staaten zum heutigen Zeitpunkt für alle Beteiligten von Nachteil. Die Verfassung würde einen wichtigen Beitrag zur Konsolidierung leisten. Zum einen wirkt sie identitätsstiftend, in dem sie die Werte, die den Menschen in Europa gemeinsam sind, schützt und verbindlich macht. Zum anderen formt sie die institutionelle Gestalt Europas so, dass sich die EU den Herausforderungen des neuen Jahrhunderts stellen kann. Damit ist die EU auf einem guten Weg, ihrem Auftrag auch weiterhin nachzukommen: Frieden, Stabilität und Wohlstand für die Menschen in Europa sichern.

Stefan Mückl

# Einheitsmodell Laizität?
## Zum Verhältnis von Religion und Öffentlichkeit in der Europäischen Union

*Einleitung*

Das Verhältnis von Staat und Kirche, von Recht und Religion ist eine zentrale staats- und verfassungstheoretische Frage: Das Verhältnis zwischen weltlicher und geistlicher Gewalt, zwischen imperium und sacerdotium, zwischen Staat und Kirche ist eine Abfolge von enger Bindung und strikter Trennung, von gedeihlichem Miteinander und erbittertem Gegeneinander, von Respektierung des jeweils anderen Bereichs und spiegelbildlich von Übergriffen in denselben.

Stichworte wie Investiturstreit und Kaiserbann, landesherrliches Kirchenregiment reformatorischer Provenienz und katholisch eingefärbtes Staatskirchentum in Gestalt des Gallikanismus und Josephinismus mögen heute wie Reminiszenzen aus längst vergangener Zeit erscheinen. Indes wirken die hinter ihnen stehenden geistigen und strukturellen Überlegungen unterschwellig fort, jedenfalls dann, wenn die Begriffe „Staat" und „Kirche" in einem weiteren Sinn verstanden werden, eben als „weltliche" und „geistliche" Gewalt". Löst man einerseits den Blick von der territorialen Fixierung auf den Staat (zumal den deutschen), nimmt man andererseits den Terminus „Kirche" als Chiffre für „Religion" allgemein, gewinnt der Gedanke an Plausibilität.

Die jüngste Erweiterung auf nun 25 Mitgliedstaaten wie das Projekt eines Verfassungsvertrags stellen mit zunehmender Dringlichkeit auch die Europäische

Union vor jene Frage, die Gretchen einst dem Faust stellte: „Du aber, wie hältst du's mit der Religion?"

Die Mitgliedstaaten der Union haben für ihren Bereich die Frage bekanntlich unterschiedlich gelöst. Erfaßt man die nationalen Entscheidungen typologisch, so lassen sich Systeme der Trennung, der Kooperation und der Staatskirche ausmachen. Welches von ihnen ist der überwölbenden politischen Einheit, der Union, adäquat? Die Kooperation, weil ihr die meisten Mitgliedstaaten folgen? Oder aber das System der Trennung, weil es die nicht an Religion und Glauben Interessierten am wenigsten berührt?

Prototypisch wird das Modell der Trennung mit dem in Frankreich geltenden System der laïcité in eins gesetzt. Liegt hier, zumal angesichts der eminenten institutionellen wie personellen französischen Einflüsse, das Zukunftsmodell für die Europäische Union? In der Tat ist Frankreich seit dem späten 19. Jahrhundert von jener laïcité zutiefst geprägt. Schon Mitte des Jahrhunderts hatte Victor Hugo die Losung „L'État laïc, purement laïc, exclusivement laïc" ausgegeben. Indes: Der Begriff ist vielschichtig, schillernd, wandelbar. Neuere Terminologien unterscheiden eine „moderne" laïcité von einem ideologisch-kämpferischen laïcisme früherer Tage. Und anläßlich des 100jährigen Bestehens des französischen Trennungsgesetzes schrieb im Februar 2005 der verstorbene Heilige Vater, Papst Johannes Paul II., an die französischen Bischöfe: „Das Prinzip der Laizität ... gehört, wenn es richtig verstanden wird, auch in die Soziallehre der Kirche"[1].

Die Annäherung an das Thema erfolgt besser nicht in Form einer Begriffs- und Bedeutungsstudie, sondern vielmehr anhand sachlicher Gesichtspunkte. Da die Europäische Union auf den Verfassungsüberlieferungen

---

[1] Papst Johannes Paul II., Brief vom 12. Februar 2005 an Mons. Jean-Pierre Ricard, Erzbischof von Bordeaux und Präsident der Französischen Bischofskonferenz, und an alle französischen Bischöfe, Tz. 3.

ihrer Mitgliedstaaten beruht, sind zunächst diese in den Blick zu nehmen, allgemein (I.) wie hinsichtlich des kirchlichen Wirkens in der Öffentlichkeit (II.). Damit wird der Blick für die europäische Ebene frei, zunächst für ihre normative Architektur (III.), dann für ihren theoretischen Rahmen (IV.). Am Ende wird eine Antwort versucht (V.).

## I. Regelungsgefüge der Beziehungen zwischen Staat und Kirche in ausgewählten europäischen Rechtsordnungen

### 1. Deutschland

Das deutsche Verfassungsrecht stellt das Staatskirchenrecht auf zwei Säulen: Es garantiert einerseits als grundrechtliche Rechtsposition die individuelle, kollektive und korporative Religionsfreiheit (Art. 4 Abs. 1 und 2 GG). Zum anderen enthalten die – kraft Inkorporation fortgeltenden – Vorschriften der Weimarer Reichsverfassung bedeutsame institutionelle Gewährleistungen zugunsten der „Religionsgesellschaften" (Art. 140 GG). Beide Ebenen, die grundrechtliche und die staatskirchenrechtliche, obgleich vielfach eng miteinander verwoben, sind doch voneinander zu unterscheiden: Grundrechte sind als Ausdruck einer allgemeinen menschenrechtlichen Idee universell und gelten folglich für jedwede Religion. Demgegenüber beinhaltet das Staatskirchenrecht spezifisch nationales, „autochthones" Recht.

Skizziert man das grundgesetzliche Staatskirchenrecht in wenigen Federstrichen, so offenbart sich eine sorgsam abgewogene, jegliche Extreme vermeidende Konzeption: Mit dem Verbot der Staatskirche (Art. 140 GG i.V.m. Art. 137 Abs. 1 WRV) versteht sich der Staat als ausschließlich säkular, woran auch die nominatio Dei in der Präambel nichts zu ändern vermag. Damit ist die Kirche aber (entgegen langgehegter liberaler Erwartungen) nicht vollständig und konsequent in den privaten Raum verwiesen: Ihr Rechtsstatus als Körperschaft des Öffentlichen Rechts bleibt aufrechterhalten (Art. 140 GG i.V.m. Art. 137 Abs. 5 Satz 1 WRV), woraus sich als unmittelbare verfassungsgesetzliche Folgerung das kirchliche Besteuerungsrecht ergibt (Art. 140 GG i.V.m. Art. 137 Abs. 6 WRV). Trotz dieses Status rechnet die Kirche nicht zum Staat; hinsichtlich ihrer Angelegenheiten ist ihr das Recht eigenständigen Ordnens und Verwaltens gewährleistet (Art. 140 GG i.V.m. Art. 137 Abs. 3 Satz 1 WRV). Grundsätzlich unterliegt sie keiner Staatsaufsicht. Ebenso wenig ist sie an die Grundrechte oder an sonstige verfassungsrechtliche Strukturprinzipien gebunden.

Gemeinsame Bezugsfelder öffnen sich, wenn das Grundgesetz durch die Institute des Religionsunterrichts an öffentlichen Schulen (Art. 7 Abs. 3 GG) und der Anstaltsseelsorge (Art. 140 GG i.V.m. Art. 141 WRV) kirchliches Tätigwerden auch im staatlichen Bereich ermöglicht sowie jedenfalls kein Finanzierungsverbot für kirchliche Zwecke ausspricht. Überhaupt öffnet die Rechtsordnung der Kirche einen weiten Freiraum für ihre Wirkungsmöglichkeiten. Das umfassend verstandene Selbstbestimmungsrecht ermöglicht ihr die Wahrnehmung ihrer Sendung in der Welt und verbürgt ihr überdies, die Besonderheiten dieser Sendung auch im Rahmen des staatlichen Rechts zur Geltung zu bringen.

Insgesamt ist das Verhältnis zwischen Staat und Kirche in Deutschland eines der formellen wie materiellen Kooperation. Das geltende Staatskirchenrecht wahrt gleichermaßen Abstand wie es Zusammenarbeit ermöglicht. Das Verbot der Staatskirche bewirkt zum einen eine – wenn auch „hinkende" – Trennung (Ulrich Stutz)[2], konstituiert umgekehrt aber keinen laizistischen

---

[2] Klassische Formulierung: Ulrich Stutz, Die päpstliche Diplomatie unter Leo XIII. nach den Denkwürdigkeiten des Kardinals Domenico Ferrata, 1926, S. 54.

Staat. Charakteristisch für das deutsche Modell ist ein dichtes Geflecht vertraglicher Absprachen zwischen dem Staat und (vorwiegend) den großen christlichen Kirchen sowie den jüdischen Kultusgemeinden, welche sich auf nahezu jeden Sachbereich von beiderseitigem Interesse beziehen.

Säkularität bedeutet dabei in seinem juristischen Kern: Staat und Kirche sind prinzipiell voneinander getrennt und somit voneinander unabhängig. Daraus ergibt sich als unmittelbare Rechtsfolge die grundsätzliche Unzulässigkeit einer institutionellen Verflechtung von Staat und Kirche. Ingerenzen der weltlichen wie der geistlichen Gewalt in den Binnenbereich der jeweils anderen sind von der Verfassung her ausgeschlossen: Im Staat des Grundgesetzes ist der Staat weder brachium saeculare der Kirche, noch umgekehrt die Kirche Legitimationsinstanz des Staates. Allerdings hindert das Verbot der Staatskirche Staat und Kirche nicht an einer Zusammenarbeit in den Materien, die den Bürger in seiner Doppelrolle als civis et christianus (vel fidelis) ansprechen.


2.   Frankreich

In Frankreich, nach seinem verfassungsgesetzlichen Selbstverständnis „République laïque", firmiert als alles überwölbendes Strukturprinzip des Beziehungsgefüges zwischen Staat und Kirchen bzw. Religionsgemeinschaften der Grundsatz der laïcité. Dessen rechtlicher Gehalt offenbart allerdings (inzwischen) wesentlich stärkere Differenzierungen als es die historischen Reminiszenzen des Begriffs und der Wortlaut der von ihnen inspirierten, vielfach immer noch wirksamen Gesetzgebung vermuten lassen. Nach dem 1905 erlassenen Trennungsgesetz gewährleistet „die Republik" einerseits die Freiheit des Gewissens und der Religionsausübung, andererseits anerkennt, besoldet und subventioniert sie keine Religionsgemeinschaft. Jene beiden antipodenhaften Grundsätze – Freiheit und Trennung – sind in der späteren legislativen wie forensischen Rechtsentwicklung durch die vermittelnden Prinzipien der Neutralität und der Parität ergänzt worden.

Charakteristisch für das französische Staatskirchenrecht ist die konsequente Verweisung der Kirchen und Religionsgemeinschaften in den privaten Raum: Ihr Rechtsstatus ist der des privaten Vereins, zudem abgestuft nach bereichsspezifischen Ausschnitten ihres Tätigkeitsfeldes. Der (vor allem steuer)rechtlich vorteilhafteste von ihnen – der Kultverein (association cultuelle) – steht nur für die „ausschließliche Kultausübung" zur Verfügung, was durch eine restriktive Verwaltungs- und Gerichtspraxis sichergestellt wird. Rechtstatsächliche Konsequenz ist tendenziell eine Konservierung der bestehenden religionssoziologischen Verhältnisse, da für die vielfach „ganzheitlichen" Lebens- und Glaubensentwürfen verpflichteten muslimischen Vereinigungen jener Rechtsstatus ebenso schwer zu erlangen ist wie für zahlreiche „neue" Religionsgemeinschaften („Sekten"). Gerade ihnen gegenüber operiert der französische Etatismus mit der ursprünglichen Konsequenz jenes Normenbestands (Trennungsgesetz) und ideellen Hintergrunds (laïcité), welche gegenüber den „herkömmlichen" Religionsgemeinschaften viel von ihrer Schärfe eingebüßt haben.

Die den Kirchen und Religionsgemeinschaften eröffnete Autonomie in ihren inneren Angelegenheiten ist folgerichtiger Ausfluß der Trennung von Staat und Kirche. Daß dem auch mit Wirkung für den staatlichen Rechtskreis Rechnung getragen wird – so insbesondere im Arbeitsrecht –, resultiert ebenso aus einer die ursprüngliche Rigidität der Trennungsgesetzgebung abschwächenden Entwicklung wie der zunehmende Ausbau einer institutionellen Kooperation des Staates mit den („herkömmlichen") Kirchen und Religionsgemeinschaften: In Strafanstalten, Krankenhäusern und Streitkräften besteht eine staatlich alimentierte Anstaltsseelsorge, die öffentliche Schule – wiewohl unverändert „laikal" – bietet jedenfalls Raum für die individuelle Religionsausübung auf freiwilliger Basis.

Den deutlichsten Wandel offenbart das Prinzip der laïcité auf dem Gebiet der Privatschulen und der Finanzierung von Kirchen und Religionsgemeinschaften: Seit den 1980er Jahren scheint der hundertjährige „Kampf um die Schule" der Historie anzugehören. Die 1959 durch die loi Debré angestoßene staatliche Förderung der (in praxi: fast ausschließlich kirchlichen) Privatschulen ist inzwischen rechtlich verfestigt und politisch konsentiert. Gleichfalls stellt sich, entgegen manchen Vorstellungen, das System der Finanzierung der Kirchen und Religionsgemeinschaften als wesentlich differenzierter dar, als es das Schlagwort von einem strikten „Finanzierungsverbot" (Art. 2 Abs. 1 des Trennungsgesetzes) vermuten läßt: Gesetzgebung und Verwaltung haben in den vergangenen Jahrzehnten ein komplexes System von Mechanismen der direkten wie indirekten Finanzierung von Kirchen und Religionsgemeinschaften ausgebildet. Die meisten von ihnen finden dabei ihre Motivation wie Legitimation in der staatlichen Förderung von gemeinnützigen Institutionen und Tätigkeiten. Gerade dieser Aspekt offenbart den mittlerweile eingetretenen Wandel in der erst atmosphärischen, dann auch rechtlichen Interpretation der laïcité: Die Bewertung der Kirchen und Religionsgemeinschaften als – partiell gar förderungswürdige – Akteure des gesellschaftlichen Lebens.

3. England

Das englische Staatskirchenrecht beinhaltet ein zweispuriges Regelungsregime: Hinsichtlich der Anglikanischen Kirche (Church of England) besteht eine dem Öffentlichen Recht zugehörige staatskirchliche Ordnung, wohingegen sämtliche übrigen Kirchen und Religionsgemeinschaften auf die Rechtsformen und Institute des Privatrechts (Vereins- und Gesellschaftsrecht) verwiesen sind. Die aus der Zugehörigkeit zu jenen Rechtsregimen idealtypisch erwachsenden Konsequenzen – Bestimmungsmacht des staatlichen Gesetzes über die Staatskirche einerseits und Geltung des Grundsatzes der Privatautonomie für die übrigen Gemeinschaften andererseits – sind durch die Entwicklung der letzten anderthalb Jahrhunderte vielfach modifiziert worden. Neben das Strukturprinzip der Staatskirche sind die weiteren der Parität, der Neutralität und vor allem der Religionsfreiheit getreten. Gemeinsam ist allen Kirchen und Religionsgemeinschaften indes, daß sie als solche im staatlichen Recht keine Rechtspersönlichkeit besitzen: Für sie treten, jeweils bereichsbezogen, ihr zugeordnete und von ihr abhängige Rechtsträger auf, die zumeist als Treuhandvereine (trusts) verfaßt sind.

Zwischen dem Staat und „seiner" Kirche bestehen unverändert erhebliche wechselseitige Ingerenzen. Der Staat nimmt mittels aller drei Staatsgewalten unmittelbaren rechtlichen Einfluß auf die Church of England, wenngleich dieser vermehrt modifiziert oder wenigstens nicht ausgeübt wird: Das Parlament sanktioniert die von kirchlichen Instanzen beschlossenen Kirchengesetze, denen dann allerdings – wie dem Parlamentsgesetz – allgemeine Geltung zukommt. Die Regierung verfügt über wesentliche Mitwirkungsrechte bei der Präsentation der anglikanischen (Erz-)Bischöfe sowie bei der Ernennung des höheren Klerus. Staatliche Gerichte üben die Rechtskontrolle über die Tätigkeit der Kirchengerichte aus. In allen Fällen liegt (mittlerweile) das „Recht des ersten Zugriffs" bei kirchlichen Instanzen, dem Staat indes kommt unverändert ein – wenngleich auf die formale Beschlußfassung bezogenes – Letztentscheidungsrecht zu.

In umgekehrter Richtung reichen kirchliche Einflußnahmen weit in den inneren Verfassungsrechtskreis des Staates hinein: Der Monarch firmiert als oberster weltlicher Schutzherr (Supreme Governor) der Church of England, dessen bekennendes Mitglied er ebenso wie sein Ehepartner sein muß. Als Spiritual Lords gehören insgesamt 26 anglikanische (Erz-)Bischöfe ex officio dem Oberhaus an und wirken so an der (gesamten) weltlichen Gesetzgebung mit.

Jenseits des staatsorganisatorischen Bereichs – über den eine inzwischen über 100 Jahre andauernde Diskussion einer Entstaatlichung (disestablishment) geführt wird – findet das staatskirchliche Strukturprinzip weniger rechtlichen denn allenfalls noch atmosphärischen Niederschlag. Im Rahmen ihres geistlich-religiösen Auftrags verfügen sowohl die Anglikanische Kirche wie die übrigen Kirchen und Religionsgemeinschaften über das Recht zur eigenständigen Regelung und Wahrnehmung ihrer Angelegenheiten (church autonomy).

Der Staat arbeitet grundsätzlich mit allen Kirchen und Religionsgemeinschaften zusammen, wenn es um die praktische Verwirklichung der Religionsfreiheit in staatlichen Einrichtungen geht. In Strafanstalten und Krankenhäusern sowie bei den Streitkräften besteht eine Anstaltsseelsorge, welche grundsätzlich allen Kirchen und Religionsgemeinschaften offensteht. Überraschend gering ausgeprägt sind die kooperativen Elemente im Bildungssektor: Die öffentliche Schule sieht mit den Instituten des Religionsunterrichts (religious education) und der Schulandacht (religious worship) zwar religiöse Bezüge vor. Diesen ermangelt aber sowohl eine konfessionelle Prägung – sie müssen grundsätzlich einen (nur) „weitgehend christlichen Charakter" aufweisen – wie eine Mitwirkung kirchlicher Instanzen. Letzteres gilt gleichermaßen für die (staatlichen) Hochschulen, an welchen zwar theologische Fakultäten eingerichtet sind, auf deren Personal und Lehre aber rechtlich keine kirchlichen Einflußmöglichkeiten bestehen.

Doch auch (oder gerade?) das System der Staatskirche hat den fortschreitenden Bedeutungsverlust der Church of England nicht verhindert. Im Gegenteil ist

England soziologisch eine der säkularisiertesten Gesellschaften Europas.

## 4. Zusammenfassung

Als fundamentales gemeineuropäisches Strukturprinzip der verschiedenen Systeme der Zuordnung von Staat und Kirche erweist sich die Säkularität des Staates: Staat und Kirche beruhen auf unterschiedlichen und nicht kompatiblen Legitimationsgrundlagen. Diese Einsicht hat sich, jedenfalls theoretisch, ab der frühen Neuzeit in Abkehr von antiken wie mittelalterlichen Identitätsvorstellungen durchgesetzt. Jedenfalls für den vom lateinischen Christentum geprägten Teil Europas erweist sich die Scheidung von geistlicher und weltlicher Macht als die erste Gewaltenteilung der Geschichte.

In ihren praktischen Konsequenzen beinhaltet die Säkularität des Staates in keinem der unterschiedlichen Systeme eine kategorische Trennung von Staat und Kirchen bzw. Religionsgemeinschaften. Durchweg bestehen vielfältige Mechanismen der Zusammenarbeit beider Größen, welche aber gerade deren prinzipielle Scheidung zur Voraussetzung hat: Nur der Staat, der sich religiöser Belange nicht als eigener Aufgaben annimmt, ist zu einer Ko-operation im Wortsinn (der Mitwirkung bei der Wahrnehmung gemeinsamer, staatliche wie kirchlich-religiöse Belange betreffender Angelegenheiten) überhaupt in der Lage.

Speziell in den Ländern des Trennungsmodells mußte das Eingeständnis reifen, daß dessen ursprüngliche Konzeption mit den elementaren Grundsätzen des freiheitlichen Rechtsstaates nicht vereinbar ist. Wie das französische Beispiel mustergültig aufzeigt, vermag der Staat zwar den Kirchen einen öffentlich-rechtlichen Status ebenso zu entziehen wie ihre (vorgeblichen) Privilegien. Als Rechtsstaat ist er aber – anders als noch in der Revolutionszeit – nicht in der Lage, ihr positiv den rechtlichen Status zu oktroyieren, den er als für die Kirche angemessen erachtet. Vor allem aber scheiterte das radikale Trennungskonzept an den tatsächlichen Gegebenheiten des Lebens: Staat und Kirche, Weltliches und Religiöses mögen sich in der Theorie, nicht aber in der Praxis säuberlich trennen lassen.

Deutlich wird dies etwa am Beispiel der Anstaltsseelsorge: Die Gewährleistung der Religionsfreiheit verpflichtet den Staat, Vorkehrungen für diejenigen Bürger zu treffen, die sich (zumal kraft hoheitlicher Anordnung) in staatlichen Einrichtungen aufhalten, wo sie aus eigener Kraft von dieser Freiheit keinen Gebrauch machen können. Nicht nur der säkulare, sondern auch der „laizistische" Staat ist hier – will er seinen Grundsätzen treu bleiben – zur Zusammenarbeit mit den Institutionen gehalten, die er doch in den privaten Raum verweisen wollte.

Unter der Prämisse des freiheitlichen Rechtsstaates führt die Säkularität des Staates zu einer weiteren Schlußfolgerung hinsichtlich des rechtlichen Stellenwertes der Kirchen und Religionsgemeinschaften: Sie sind – abgesehen von den verbliebenen wechselseitigen Verschränkungen in staatskirchlichen Systemen – keine in der Sphäre der Staatlichkeit angesiedelten Größen (mehr). Insoweit hat die geistesgeschichtlich seit der Aufklärung und (verfassungs)rechtlich seit der Französischen Revolution wirkmächtig gewordene Antithese, Religion sei Privatsache ihre Berechtigung. Allerdings ist dieser binäre Code zur umfassenden Analyse zu ungenau: Die Kirchen und Religionsgemeinschaften sind – in ihrem Wirkungsanspruch und ihrer Wirkungsweise, nicht zwingend in ihrem Rechtsstatus – privat im Sinne von nicht-staatlich. Sie sind aber nicht privat in der Bedeutung von nicht-öffentlich. Letzteres war das Modell des weltanschaulichen Laizismus, der heute weithin überwunden ist – in den Ländern des

Trennungsmodells, teilweise selbst bei seinen wirk-
mächtigen ideellen Trägern von einst[3].

## II. Möglichkeiten der Kirche zum öffentlichen Wirken

### 1. Deutschland

Charakteristisch für die deutsche Rechtsordnung ist,
daß die Präsenz der Kirchen im öffentlichen und gesellschaftlichen Leben auch jenseits ihres genuin religiösen
Auftrags rechtlich wie faktisch weitgehend unbestritten
ist: Die Kirchen beteiligen sich mit einer Vielzahl von
Interventionen, Stellungnahmen und Worten (vermehrt:
„gemeinsamen") zu Fragen von öffentlicher oder politischer Bedeutung. Sie entsenden Vertreter in plurali-
stisch zusammengesetzte Beratungsgremien wie die
Bundesprüfstelle (§§ 17 ff. Jugendschutzgesetz) sowie
die Rundfunk- und Fernsehräte. Keine parlamentarische
oder von der Regierung berufene Konsultationskom-
mission („Nationaler Ethikrat") will parteiübergreifend
auf die Mitwirkung der Kirchen verzichten. In der
Stunde nationaler wie internationaler Katastrophen
stellen sie den äußeren Rahmen für staatlich verordne-
tes Trauerzeremoniell zur Verfügung – sei es nach
Amokläufen an ostdeutschen Schulen, den Ereignissen
des 11. September oder Tsunamis in Südostasien.

In Teilbereichen können sich all diese Formen an
kirchlicher Präsenz in der Öffentlichkeit auf eine ge-
sonderte rechtliche Gewährleistung stützen, für die der
Terminus des „Öffentlichkeitsauftrags" gängig geworden ist. Historisch dem Kontext des evangelischen

---

[3] Bezeichnend etwa die veränderte Einstellung der deutschen
Sozialdemokratie: Deren Erfurter Programm von 1891 (Ab-
druck bei Wilhelm Mommsen [Hrsg.], Deutsche Parteipro-
gramme, 2. Aufl. 1960, S. 349 ff.) postulierte in Nr. 6: „Religion ist Privatsache", antithetisch 100 Jahre später Wolfgang
Thierse (Hrsg.), Religion ist keine Privatsache, 2000.

Kirchenkampfes gegen den Nationalsozialismus entstammend, fand die Formel in der frühen Nachkriegszeit nicht unerhebliche Verbreitung – in Landesverfassungen (etwa Art. 29 Abs. 1 Satz 1 der Verfassung von Württemberg-Baden 1946: „Die Bedeutung der Kirchen … für die Bewahrung und Festigung der religiösen und sittlichen Grundlagen des menschlichen Lebens wird anerkannt.") und evangelischen Kirchenverträgen. Eine bemerkenswerte Renaissance erfuhr der „Öffentlichkeitsauftrag" in drei der fünf Landesverfassungen der östlichen Bundesländer nach 1990. Einen einzigen Kontrapunkt bildet hier nur die Hessische Verfassung von 1946: „Die Kirchen … haben sich, wie der Staat, jeder Einmischung in die Angelegenheiten des anderen Teiles zu enthalten."

Zu bedenken bleibt freilich: Sämtliche Bemühungen, den Begriff juristisch zu fundieren, haben zu keiner rechtlich greifbaren Definition geführt. Überdies ergeben sich die mit ihm verbundenen rechtlichen Wirkungen ohnehin aus anderen, expliziten Regelungen des geltenden Verfassungsrechts oder erweisen sich in einem freiheitlichen demokratischen Rechtsstaat als Selbstverständlichkeit: Dies gilt sowohl für die staatliche Anerkennung der gesellschaftlichen Tätigkeit und Relevanz der Kirchen und Religionsgemeinschaften wie für das Verbot, sie aus dem öffentlichen Leben zu verdrängen. All dies ergibt sich bereits aus den Grundrechten sowie aus dem kirchlichen Selbstbestimmungsrecht. Vor diesem Hintergrund erscheint es fraglich, ob aus neuerdings verfochtenen, innovativ klingenden Lehnformeln aus der Politikwissenschaft juristischer Erkenntnisgewinn fließen kann, so, wenn den Kirchen eine Rollenbeschreibung als „intermediäre Institutionen der Zivilgesellschaft" angesonnen wird.

## 2. Frankreich

Im Gegensatz dazu beschränkt die französische Rechtsordnung die den Kirchen eingeräumten Freiheiten auf die Wahrnehmung ihrer Aufgaben und Angelegenheiten. Anders verhält es sich im Bereich jenseits ihrer genuin religiösen Sendung: Eine kirchliche Intervention in aktuelle Fragestellungen des allgemeinen öffentlichen und gesellschaftlichen Lebens ist (wie diejenige anderer gesellschaftlicher Gruppen) in der Praxis weitaus seltener anzutreffen als in anderen europäischen Ländern. Dieser Umstand resultiert in tatsächlicher Hinsicht aus dem in Frankreich immer noch dominanten Etatismus und seinem latenten Mißtrauen gegen die zwischen Staat und Bürger angesiedelten sog. corps intermédiaires. In rechtlicher Hinsicht findet sich – anders als in Deutschland – kein expliziter Rechtstitel für derartige Interventionen, so daß sich ihre Zulässigkeit nach ausschließlich grundrechtlichen Maßstäben bemißt. Hier ist in erster Linie die Meinungsfreiheit einschlägig, da die französische Rechtspraxis zu einer restriktiven Auslegung der Religionsfreiheit neigt.

Sofern sich die Kirchen und Religionsgemeinschaften in Fragen des allgemeinen öffentlichen und gesellschaftlichen Lebens einmal äußern, geschieht dies nicht selten auf staatliche Veranlassung, sei es im Rahmen von beratenden „nationalen Räten", sei es in bestimmten Krisensituationen. Dann nimmt auch der französische Staat die „familles spirituelles" – denen auch die führenden Freimaurerlogen des Landes zugerechnet werden – gewissermaßen in die nationale Verantwortung, wobei sich die etatistische Prägung einmal mehr noch in der Durchführung zeigt: Die Regierung wählt selbst bestimmte, den gewünschten Kirchen und Religionsgemeinschaften zuzurechnende Einzelpersönlichkeiten aus, ohne daß die jeweilige Institution auf deren Nominierung Einfluß hätte.

## 3. England

Wiederum anders stellt sich die Situation in England
dar: Dort spielen die Kirchen, vor allem die anglikanische und die katholische, im öffentlichen und gesellschaftlichen Leben eine deutlich wahrnehmbare und
tatsächlich auch wahrgenommene Rolle. Kirchliche
Verlautbarungen zu aktuellen Fragestellungen finden,
auch wenn sie den genuin religiös-kirchlichen Bereich
überschreiten, jedenfalls Beachtung, bisweilen – je nach
den Umständen – Gehör oder Widerspruch. Unterschiede bestehen, wiederum als Folge der staatskirchlichen Struktur des Landes, in den rechtlichen Grundlagen: Während die nichtanglikanischen Kirchen und
Religionsgemeinschaften eine derartige Kompetenz
aufgrund ihrer internen Rechtsvorschriften in Anspruch
nehmen, die von der Warte des staatlichen Rechts ihre
Legitimation als Grundrechtsausübung findet, kann sich
die Church of England auf einen ausdrücklichen
Rechtstitel staatlichen Rechts stützen: Nach s. 6 (b) der
Synodical Government Measure 1969 ist der General-
synode die Aufgabe zugewiesen, „ihre Meinung über
jedwede Angelegenheit von religiösem oder öffentlichen Interesse zu bilden und zu äußern" (to consider
and express their opinion on any other matters of
religious or public interest). Gleichwohl besteht eine
staatliche Erwartungshaltung dahingehend, daß kirchliche Verlautbarungen im genuin politischen Bereich
zumindest zurückhaltend ausfallen. Diese Erwartungshaltung aktualisiert sich zumal dann, wenn kirchliche
und regierungsamtliche Position keine deckungsglei-
chen Größen sind.

## 4. Zusammenfassung

Bei allen Unterschieden in der konkreten rechtlichen
Ausgestaltung und mancher Divergenz im Detail räumen die Rechtsordnungen der Mitgliedstaaten der Europäischen Union, teilweise durch explizite (verfas-

sungs)gesetzliche Aussagen, den Kirchen einen positiven Stellenwert ein. Dabei wird ihnen als solchen diese Anerkennung und Wertschätzung entgegengebracht, nicht lediglich in einer denkbaren Rolle als handlungsfähige Bündelungsgrößen individueller Religionsausübung. Die einzelnen Rechtsordnungen akzeptieren nicht nur ihren Status als rechtlich verfaßte Institutionen, sondern auch, daß die Maßstäbe dieser rechtlichen Verfaßtheit anderen Quellen als diejenigen der staatlichen Ordnung entspringen. Sofern die – durchweg nur minimale Ingerenzen eröffnenden – Kauteln des ordre public sowie auf individueller Seite der Grundsatz der Freiwilligkeit gewahrt sind, stellt die staatliche Rechtsordnung die Ausgestaltung der rechtlichen Beziehungen der Kirchen zu ihren Mitgliedern unter ihren (verfassungs)gesetzlichen Schutz.

In dieser Zubilligung der Autonomie an die Kirchen liegt nicht nur die (vor dem historischen Hintergrund mancher mitgliedstaatlichen Rechtsordnung: bemerkenswerte) Zubilligung eines positiven rechtlichen Stellenwerts. Der freiheitliche Verfassungsstaat hat sich insoweit der unbeschränkten Ausübung seiner Souveränität begeben, indem er nicht mehr in jedem Fall eine umfassende Regelungskompetenz hinsichtlich der auf seinem Gebiet ansässigen Rechtsgenossen beansprucht: Jene wandlungsfähige staatskirchenrechtliche Territorialtheorie, welche seit dem Absolutismus nahezu jede staatliche Lenkung der Kirche – vom protestantischen Summepiskopat über das katholische Staatskirchentum bis hin zur „demokratischen" Kirchenordnung der Französischen Revolution – zu legitimieren suchte, ist heute obsolet. Mehr noch, der moderne Verfassungsstaat bringt durch die Zubilligung einer voraussetzungslosen Autonomie den Kirchen ein (Vor-)Vertrauen entgegen, das er anderen Institutionen des öffentlichen Lebens nicht einräumt.

Diese systemübergreifende Gemeinsamkeit betrifft das Tätigwerden der Kirchen und Religionsgemeinschaften in ihrem spezifisch religiösen Bereich. Hier führt ihre positive Beschreibung in den Rechtsordnungen durchweg zur positiven Behandlung in der Rechtspraxis: Auch der „laizistische" französische Staat findet sich zu einer institutionellen Kooperation mit den Kirchen bereit, soweit es in „seinem" Bereich religiöse Bedürfnisse zu befriedigen gilt. Gleiches läßt sich im staatskirchlichen System Englands im Hinblick auf die nichtanglikanischen Kirchen und Religionsgemeinschaften konstatieren.

Indes finden diese Gemeinsamkeiten ihre Grenze, soweit der Bereich des spezifisch Religiösen verlassen wird: Der den Kirchen gemeineuropäisch eingeräumte positive Stellenwert gilt nicht den Institutionen schlechthin, sondern den Institutionen in ebendieser Funktion. Sofern sie einen weiteren Aktionsradius beschreiten und als „Wächter und Mahner" in gesellschaftlichen und politischen Angelegenheiten firmieren (möchten), offenbaren sich Divergenzen, die unverändert den unterschiedlichen staatskirchenrechtlichen Systemen entstammen: Auf einen eindeutigen rechtlichen Auftrag für derartige Interventionen jenseits des genuin religiösen Bereichs kann sich allein die Church of England stützen. In den übrigen Rechtsordnungen stehen allgemein-politische Erklärungen der Kirchen unbestritten unter grundrechtlichem Schutz. Damit ist indes noch nichts über die tatsächliche Relevanz entsprechender kirchlicher Erklärungen ausgesagt: In Frankreich sind sie infolge anhaltender etatistischer Grundströmungen und deren Aversion gegen (zwischen das bipolare Verhältnis Staat – Bürger tretende) gesellschaftliche Gruppen tendenziell verpönt, in Deutschland dagegen kraft theoretischer Überhöhung („Öffentlichkeitsauftrag") positiver konnotiert.

## III. Entwicklung einer europäischen Rechts-architektur

### 1. Selbstverständnis Europas

Gegenwärtig befindet sich Europa – die Europäische Union – in einem Prozeß der Verfassungsgebung. Der „Vertrag über eine Verfassung für Europa" (VVE) durchläuft in den einzelnen Mitgliedstaaten das Verfahren der Ratifizierung. Sollte dieses zu einem erfolgreichen Abschluß gelangen, hätte die europäische Integration unbestrittenermaßen einen Höhepunkt erreicht. Wie aber ginge die Entwicklung dann weiter? Wohin führt eine Verfassung Europa? Und vor allem: Welches Europa?

Diese Fragen weisen auf die Notwendigkeit einer grundsätzlichen Vergewisserung über Fundamente wie Perspektiven des europäischen Einigungswerkes. Gleichermaßen offen sind sowohl das Selbstverständnis Europas wie seine Zielbestimmung oder, juristisch gesprochen, seine Finalität. Was also ist Europa, wie definiert es sich selbst, aus welchen Wurzeln schöpft es und – vor allem – was will es in der Zukunft sein?

Verfassungshistorisch betrachtet, ist es ein erstaunlicher Vorgang, daß eine Verfassungsgebung in Gang gesetzt wird, ohne zuvor Einvernehmen über all diese Fragen erzielt und ohne Gewißheit über die endgültige räumliche Ausdehnung erlangt zu haben. Verfassungstheoretisch setzt – nach überwiegender, wiewohl bestrittener Auffassung – eine Verfassung einen Staat voraus. Ist die Europäische Union also ein Staat, soll sie einer sein oder will sie wenigstens einer werden? Oder tritt sie zu ihm, neben ihn, über ihn?

Die bisherigen Versuche, das rechtliche Wesen und den ihm zuvor liegenden ideellen Gehalt der Europäischen Gemeinschaft auf den Punkt zu bringen, haben nur zu wenig wirklich Klärendem geführt. Stellvertretend sei je ein Beispiel aus der Praxis und aus der Wissenschaft genannt:

In einem seiner ersten und grundlegenden Urteile hat der Europäische Gerichtshof 1963 „die Gemeinschaft" als „eine neue Rechtsordnung des Völkerrechts" beschrieben, „zu deren Gunsten die Staaten, wenn auch in begrenztem Rahmen, ihre Souveränitätsrechte eingeschränkt haben, eine Rechtsordnung, deren Rechtssubjekte nicht nur die Mitgliedstaaten, sondern auch die Einzelnen sind"[4]. Ein Jahrzehnt später definierte der Nestor der deutschen Europarechtler, Hans Peter Ipsen, die Gemeinschaft als „Zweckverband funktioneller Integration"[5].

Gewiß ist der Prozeß der europäischen Integration – bezieht man ihn auf den institutionellen Rahmen der Europäischen Gemeinschaft – immer weiter vorangegangen. Die Europäische Wirtschaftsgemeinschaft von 1957 hat sich über die Europäischen Gemeinschaften 1967 zur Europäischen Union gewandelt. Die Integrationstiefe hat dabei stetig zugenommen wie die Handlungsspielräume der Mitgliedstaaten zunehmende Einbußen erfahren haben. Diese komplexe Entwicklung lohnte viele Überlegungen. Zentral scheint dabei diejenige zu sein, was es ist, das die Union konstituiert und zusammenhält. Was also wird in ihr zusammengeführt, und was verbürgt ihre Einheit?

2.   Versuch einer normativen Fixierung: Präambel des Verfassungsvertrags

Der übliche Ort einer Verfassung, ihre Grundmelodie zu intonieren, ist die Präambel. Hier bringt der Souverän seine Überzeugungen von den inneren Bindekräften des Gemeinwesens zum Ausdruck, formuliert seine Grundlagen wie Ziele und definiert damit einen Grundkonsens, der dem tagespolitischen Streit entzogen ist und darum Identität zu vermitteln vermag.

---

[4]   EuGH, Slg. 1963, 1 = NJW 1963, 974 – van Gend&Loos.
[5]   Hans Peter Ipsen, Europäisches Gemeinschaftsrecht, 1972, S. 196 ff., 1055.

Auch der europäische Verfassungsvertrag enthält eine Präambel. Darin versteht sich Europa als „Träger der Zivilisation". Seine Bewohner hätten „im Laufe der Jahrhunderte die Werte entwickelt ..., die den Humanismus begründen: Gleichheit der Menschen, Freiheit, Geltung der Vernunft". Europa, so die Präambel weiter, schöpfe „aus den kulturellen, religiösen und humanistischen Überlieferungen ..., deren Werte in seinem Erbe weiter lebendig sind". Auf „diesem Weg der Zivilisation, des Fortschritts und des Wohlstands zum Wohl all seiner Bewohner" will Europa „weiter voranschreiten". Wohin es voranschreiten will, bleibt dabei freilich offen – es sei denn, man versteht folgenden Ausblick als perspektivische Antwort: „In der Gewißheit, daß Europa, ,in Vielfalt geeint', ihnen die besten Möglichkeiten bietet, ... dieses große Abenteuer fortzusetzen, das einen Raum eröffnet, in dem sich die Hoffnung der Menschen entfalten kann".

Präambeln in Verfassungen haben, darüber besteht heute weitgehend Einigkeit, Anteil an der Normativität der Verfassung selbst. Sie sind keineswegs bloße Verfassungslyrik, Versatzstücke für wohlfeile Augenblicksrhetorik symbolischer Staatsakte. Worin allerdings der rechtliche Gehalt dieser Präambel liegen soll, erschließt sich nicht. So nimmt es nicht Wunder, daß sie – und zwar aus allen politischen und weltanschaulichen Lagern – überwiegende Kritik erfahren hat. Eine entscheidende Funktion einer Präambel, die der Identitätsstiftung, fällt aus, weil die dahinterstehende Grundidee nicht erkennbar ist. Diese Präambel ist redundant und wortkarg zugleich: Sie macht viele Worte, ohne etwas zu sagen.

Präambeln sind in gewisser Weise Rhetorik im normativen Gewand. Eine fundamentale Grundregel jeder Rhetorik ist – wie schon Aristoteles lehrt – die Wahrheit (im Sinne von Wahrhaftigkeit). Von den vielen Punkten, die kritisch zu sagen wären, soll hier nur der eine eines Gottesbezugs oder wenigstens einer Referenz an die christlichen Wurzeln Europas herausgegriffen werden.

Bekanntlich hat sich eine derartige Bezugnahme als nicht „mehrheitsfähig" oder „vermittelbar" erwiesen. Entsprechende Bestrebungen aus mehreren Mitgliedstaaten wie aus der Mitte des Europäischen Parlaments scheiterten, wie es hieß, am entschiedenen Veto vor allem Frankreichs und Belgiens. Beim Verfassungsvertrag wiederholte sich, was schon im Jahr 2000 bei der Entstehung der Europäischen Grundrechte-Charta geprobt wurde: Als kleinster gemeinsamer Nenner konnte dort allein ein Verweis über ein spiritual heritage bzw. ein patrimoine spirituel verankert werden. Auch hier waren es vor allem Frankreich und Belgien, die sich weitergehenden Formulierungen versagten. Das Argument, das beide Male mit geringen Modifizierungen vorgetragen wurde, lautete: Der eigene Verfassungsgrundsatz der Laizität – der laïcité – verbiete die Zustimmung zu einem Gottesbezug oder einer Referenz an das Christentum.

Dieses Argument führt jedoch für den Prozeß der europäischen Verfassungsgebung nicht weiter. Die Entscheidung eines Mitgliedsstaates für ein bestimmtes System der Zuordnung von Staat und Kirche unterfällt gewiß seiner souveränen Entscheidung. Daraus aber normative Konsequenzen für eine europäische Verfassung ableiten zu wollen, bezweckt – konsequent zu Ende gedacht – nicht Einigung, Zusammenschluß und Union, sondern die Ausdehnung eigener Verfassungsentscheidungen auf das zu bildende größere Ganze. Joseph H. H. Weiler, ein international renommierter Experte im Europa-, Völker- und Welthandelsrecht, hat in seinem Essay „Ein christliches Europa" eine scharfsinnige Studie über die Präambel des Verfassungsvertrags vorgelegt. Das Urteil dieses Gelehrten – er ist übrigens praktizierender orthodoxer Jude – ist deutlich: Es handele sich um „imperialistische Verfassungspolitik".

Der Verfassungsvertrag stattet die Union mit Symbolen aus, einer Hymne, einer Fahne – und einem Motto. Dieses lautet: „In Vielfalt geeint". Die Exklusion von Gottesbezug und Referenz an das Christentum negiert indes die Vielfalt. Ob dann noch ein Fundament für die Einigung bestehen kann, ist zweifelhaft. Diese Zweifel verstärken sich, wenn man bedenkt, daß Rechtsetzung und Verfassungsgebung keine apriorischen Prozesse sind: Das Recht folgt der Wirklichkeit nach, nimmt sie auf und bemüht sich um ihre Gestaltung. Gewiß folgt aus Faktizität nicht stets und ohne weiteres Normativität. Doch ebenso muß das Recht seine Integrationsfunktion zwangsläufig verfehlen, wenn es die Wirklichkeit nicht oder nicht hinreichend wahrnimmt und abbildet. Wahrheit (im Sinne von Realitätsbezug) ist nicht nur eine rhetorische, sondern auch eine juristische Kategorie.

Zu den Wirklichkeiten in Europa zählen die religionssoziologischen Rahmendaten. Demnach bekennen sich im „Europa der 25" über 80% zum Christentum (58% zum Katholizismus). Weshalb eine europäische Verfassung in Anbetracht dieser Daten keinen religiösen Bezug beinhalten darf – noch dazu unter Rekurs auf die Verfassungstraditionen einiger Mitgliedstaaten –, ist begründungspflichtig – nicht die gegenteilige Position. Nun ließe sich dem entgegenhalten, es gelte nichtgläubige Minderheiten zu schützen, nicht alle 80% der europäischen Bevölkerung sei auch im materiellen Sinne christlich, und überhaupt könnten die Gläubigen ein normatives Schweigen der Verfassung besser ertragen als die Nichtgläubigen ein sie belastendes Reden. Es ist verblüffend, wie unreflektiert dieser „semantische Trick" (Joseph Weiler) im öffentlichen und politischen Diskurs akzeptiert wird: Die Exklusion und Desintegration der Lebenswirklichkeiten von Religion und Glauben wird als „Neutralität" oder „Laizität" ausgegeben, und weiter behauptet, nur das Gemeinwesen sei neutral, das auch dem Prinzip der Laizität verpflichtet sei. Indes: Bei einer Alternative zwischen zwei sich ausschließenden Positionen gibt es weder semantisch noch logisch „Neutralität".

Verfügte die politische und publizistische Klasse in etwas höherem Maße über das europäische Bildungsgut der lateinischen Sprache, so wüßte sie um den Bedeutungsgehalt des dem Fremdwort „Neutralität" zugrunde liegenden Adjektivs „neuter, neutrum": keiner von beiden, keines von beiden.

Konkret bedeutet dies: Wahrhaft neutral wäre die Verfassung, wenn sie – wie es nicht wenige Verfassungen tun – auf eine Präambel mit all ihrer Rhetorik verzichtete und sich auf die Regelung der rechtlichen Abläufe in der Europäischen Union beschränkte. Beides zugleich geht nicht – Präambel ja, aber nur mit bestimmten goutierten Inhalten. Sie wäre historisch falsch, politisch desintegrativ und inhaltlich nicht wahrhaftig.

Gleichfalls neutral – in einem offenen Sinne – wäre eine zweite Option, welche in einer Präambel beide Sichtweisen zur Geltung bringt, die der Gläubigen wie die der Nichtgläubigen. Besonders geglückt ist diese Synthese in der Polnischen Verfassung von 1993: „Wir, die Polnische Nation – alle Bürger …, sowohl jene, die an Gott als die Quelle der Wahrheit, der Gerechtigkeit, des Guten und Schönen glauben, als auch jene, die einen solchen Glauben nicht teilen".

Diese Lösung ist, obgleich vorgeschlagen, im Prozeß der Verfassungsgebung abgelehnt worden. Vom Tisch ist sie damit aber ebenso wenig wie Gottesbezug oder Referenz an das Christentum allgemein. Nur der Träger des Gedankens wird wechseln müssen: Wozu die politische Klasse Europas nicht die Kraft fand, könnte den Völkern Europas gelingen. Der Verfassungsvertrag sieht ausdrücklich ein europäisches Bürgerbegehren vor, mit dem mindestens 1 Million Bürger die europäischen Institutionen zum Tätigwerden anregen können[6]. Ein probater Anwendungsfall könnte

---

[6]  Einzelheiten: Art. I-47 Abs. 4 VVE.

gerade hier liegen – hat doch auch 1993 ein Volksbegehren im Lande Niedersachsen dafür gesorgt, daß ein zunächst unterbliebener Gottesbezug doch Eingang in die Landesverfassung fand.

3. Konkretisierung: Verhältnis Union – Kirche nach dem Verfassungsvertrag

So symbolträchtig Präambeln mit der Intonation der Grundmelodie von Verfassungen auch sind, ergeben sich die entscheidenden Gehalte doch aus ihren speziellen Gewährleistungen. Diese verbürgen juristisch handhabbare Rechtspositionen, legen ihre Voraussetzungen und Grenzen fest und verhalten sich zu ihrer rechtlichen Geltendmachung. Nicht anders stellt sich die Lage beim Europäischen Verfassungsvertrag dar. Die zuweilen engagiert geführte Diskussion über die Präambel – mit all den soeben dargelegten Implikationen – hat jedenfalls in der allgemeinen Wahrnehmung den Umstand zurücktreten lassen, daß der Verfassungsvertrag in seinen Einzelbestimmungen wertvolle Aussagen über das Verhältnis von Union und Kirche bzw. über den rechtlichen Rahmen des Verhältnisses von Staat und Kirche im Lichte der europäischen Integration enthält. Zu nennen sind hier zunächst zwei Bestimmungen aus dem zweiten Teil des Verfassungsvertrags, der die Grundrechte-Charta in verbindliches Recht transformiert, nämlich das Gemeinschaftsgrundrecht der Religionsfreiheit (Art. II–10 VVE) sowie eine Bestimmung, derzufolge die Union „die Vielfalt der Kulturen, Religionen und Sprachen (achtet)" (Art. II–22 VVE).

Vor allem aber konnte im ersten Teil des Verfassungsvertrags die 1997 als Anhang zum Amsterdamer Vertrag verabschiedete „Erklärung Nr. 11 zum Status der Kirchen und weltanschaulichen Gemeinschaften" in das Primärrecht überführt werden. Damit mutiert die einstige Kirchenerklärung – seinerzeit von Bundeskanzler Helmut Kohl in einer dramatischen Nachtsitzung gegen erheblichen Widerstand wiederum Frankreichs und Belgiens durchgesetzt – mit der Ratifizierung des Verfassungsvertrags zum Kirchenartikel. Die Bestimmung lautet nunmehr, ergänzt um den dritten Absatz (Art. I–52 VVE):

„(1) Die Europäische Union achtet den Status, den Kirchen und religiöse Vereinigungen oder Gemeinschaften in den Mitgliedstaaten nach deren Rechtsvorschriften genießen und beeinträchtigt ihn nicht.

(2) Die Europäische Union achtet den Status von weltanschaulichen Gemeinschaften in gleicher Weise.

(3) Die Union pflegt in Anerkennung der Identität und des besonderen Beitrags dieser Kirchen einen offenen, transparenten und regelmäßigen Dialog mit ihnen."

Aus diesem Artikel resultieren – anders als aus der eindeutigsten Präambel – greifbare rechtliche Konsequenzen. Sie lassen sich in die drei Stichworte Struktursicherung, Interpretationsverstärkung und Verfahrensbeteiligung aufgliedern:

– Struktursichernd ist die Bestimmung, als die Union sich ausdrücklich verpflichtet, beeinträchtigende Maßnahmen zu Lasten des rechtlichen Status der Kirchen nach dem jeweiligen mitgliedstaatlichen Recht zu unterlassen. Diese Rückbindung an das jeweilige mitgliedstaatliche Recht wahrt den status quo der unterschiedlichen staatskirchenrechtlichen Systeme und gewährleistet damit jene Vielfalt, von der die Präambel kündet. Bleibt es damit etwa in Frankreich beim dortigen System der laïcité, kann umgekehrt das staatskirchliche Modell in England ebenso weiter Bestand haben wie das Kooperationssystem in Deutschland und zahlreichen anderen Staaten. In jedem Fall hindert der Kirchenartikel die Installierung eines wie auch immer gearteten europäischen Einheitsmodells.

– Eine interpretationsverstärkende Wirkung entfaltet die Kirchenerklärung im Hinblick auf das Grundrecht der Religionsfreiheit. Insoweit fungiert sie als Auslegungsmaxime. Wirkt der Mechanismus der Struktursicherung statisch-defensiv, erweitert derjenige der Interpretationsverstärkung dynamisch den Gewährleistungsbereich der Freiheit. Bedeutsam ist dies vor allem für die Komponente der korporativen Religionsfreiheit.

Das Zusammenspiel von struktursichernder und interpretationsverstärkender Wirkung der Kirchenerklärung kann insbesondere bei der sekundären Normsetzung zu praktischen Konsequenzen führen: Das der Gemeinschaft aufgegebene Beeinträchtigungsverbot des kirchlichen Rechtsstatus fordert ebenso wie die unmittelbare Grundrechtsträgerschaft der Kirchen und Religionsgemeinschaften die Berücksichtigung ihrer Rechtspositionen. Diese kann sich, zumal wenn – wie in aller Regel – der Zweck der Normsetzung in kirchen- und religionsneutralen Zielsetzungen liegt, etwa in einem Gebot einer Ausnahmeklausel zugunsten der Kirchen artikulieren. Erste Erfahrungen hierzu liegen bereits vor.

– Schließlich besitzt die Kirchenerklärung noch eine formale Facette, welche sich mit der Kurzformel „Verfahrensbeteiligung" beschreiben läßt. Sie ergibt sich gewissermaßen aus dem dargelegten materiellen Gehalt der Erklärung: Wenn es zutrifft, daß die Gemeinschaft (nunmehr ausdrücklich) in den Kirchen legitime Partner im Prozeß der europäischen Einigung sieht und zusagt, deren Rechtsstatus nach dem jeweiligen mitgliedstaatlichen Recht zu achten und nicht zu beeinträchtigen, korreliert damit jedenfalls die Erwartung einer Verfahrensbeteiligung. Eine solche sieht der Verfassungsvertrag in Gestalt eines „offenen, transparenten und regelmäßigen Dialog" mit den Kirchen ausdrücklich vor. Die Gemeinschaft zieht mit dieser Regelung die Konsequenz aus der Erkenntnis, daß Achtung und Nicht-Beeinträchtigung kirchlicher Rechtspositionen nur dann realisiert werden können, wenn zuvor die Belange und Interessen der Kirchen und Religionsgemeinschaften in Erfahrung gebracht, zur Kenntnis genommen und bedacht werden. Bemerkenswert ist dabei, daß sich der Kirchenartikel in dem mit „Das demokratische Leben der Union" überschriebenen Titel VI des Ersten Teils des Verfassungsvertrags befindet, in systematischer Nachbarschaft zum Grundsatz der partizipativen Demokratie, zum sozialen Dialog, zum Europäischen Bürgerbeauftragten sowie zum Grundsatz der Transparenz der Organe der Union.

Von ihrem juristischen Aussagekern her ist die Kirchenerklärung primär auf den jeweiligen mitgliedstaatlichen status quo bezogen und damit im Verhältnis zum Gemeinschaftsrecht statisch-defensiv akzentuiert. Gerade darin könnte aber der Keim für eine positive und gestaltende Rolle der Kirchen und Religionsgemeinschaften im Prozeß der europäischen Einigung liegen: Durch die bewußte Absicherung dieses bedeutsamen Teils der „nationalen Identität der Mitgliedstaaten" (Art. 6 Abs. 3 EUV sowie künftig Art. 5 Abs. 1 VVE) vor einebnender Vergemeinschaftung stellt das Gemeinschaftsrecht selbst sicher, daß Europa wirklich – wie die Präambel des Verfassungsvertrags verheißt – „in Vielfalt geeint" ist. Nicht zuletzt verdient Hervorhebung, daß der Verfassungsvertrag die Kirchen nicht nur primärrechtlich zur Kenntnis nimmt, sondern damit auch eine positive Erwartung verbindet: Denn die Pflicht zum institutionalisierten Dialog mit ihnen wird besonders begründet, wenn als Motivlage die „Anerkennung (ihrer) Identität und (ihres) besonderen Beitrags" genannt wird (Art. I–52 Abs. 3 VVE).

Summa summarum: Hinsichtlich des Verhältnisses der Kirche zur weltlichen Gewalt in Staat und Union stellt der Verfassungsvertrag in seinen Einzelbestimmungen ein hinreichendes, juristisch effektuierbares Instrumentarium zur Verfügung. Hier werden – unscheinbarer, aber wirkungsvoll – in der Sache mehr Möglichkeiten eröffnet, als es die schönste Präambel jemals vollbringen könnte. Um aber zum Kern der Fragestellung vorzudringen, genügt die Analyse des positiven Rechts allein nicht. So gilt es, in eine tiefere Schicht einzudringen, welche rechts- und verfassungstheoretisch die Fundamente europäischer Identität freilegt.

## IV. Fundamente europäischer Identität

1. Säkularität des Rechts wie der weltlichen Ordnung

Zu einem der elementaren Wesenszüge des modernen Staates rechnet seine Beschränkung auf weltliche Angelegenheiten und Zwecke. Insofern ist er „sektoraler Staat", für den der geistlich-religiöse Bereich eo ipso außerhalb seines Befugniskreises liegt. Diese Einsicht hat sich in den verschiedenen europäischen Rechtsordnungen – wenn auch zu unterschiedlichen Zeitpunkten und unter unterschiedlichen Entstehungszusammenhängen – als heute unangefochtenes Gemeingut herausgebildet: So bildet ihren geistesgeschichtlichen nucleus in Deutschland die im 18. Jahrhundert entstandene Kollegialtheorie mit ihrer Distinktion der iura in sacra und der iura circum sacra. Ideengeschichtlich auf gleicher Linie liegen die anläßlich der Einfügung von Grundrechten in die US-amerikanische Bundesverfassung durch das first amendment von 1791 angestellten Überlegungen. Dessen „Vater", James Madison, hielt ursprünglich eine besondere verfassungsgesetzliche Gewährleistung der Religion(sfreiheit) schlicht für überflüssig, denn: „the government has not jurisdiction over it"[7].

Nichts anderes gilt auch für die suprastaatliche Ebene der Europäischen Union. Ihre Zielsetzungen sind ausweislich der Aufzählungen in EU- und EG-Vertrag ebenfalls ausschließlich weltlicher Natur. Das setzt ihrem Tätigwerden Grenzen: Soweit es in den geistlich-religiösen Bereich hineinreicht, ist das Handeln ultra vires. Weder Staat noch die Union verfügen aufgrund ihres selbst gewählten Seinszwecks – Errichtung einer diesseitigen Ordnung unter Ausschluß der religiösen Wahrheitsfrage – über eine unbeschränkte Kompetenz in ihrem Hoheitsbereich nach dem Muster jener absolutistischen Territorialtheorie. Weder Staat noch Union verfügen kraft ihrer eigenen Entscheidung über Maßstäbe zur Regelung der nicht-weltlichen Angelegenheiten. Darin liegt die zentrale immanente Beschränkung jedweder weltlichen Gewalt: Sie ist unter der Prämisse freiheitlicher und säkularer Herrschaftsausübung für den geistlich-religiösen Bereich schlechterdings inkompetent.

Vor diesem Hintergrund stellt es mehr als nur eine Schieflage dar, wenn – vornehmlich im politischen Bereich – Religion allgemein sowie ihren Lehren und Repräsentanten nach den Maßstäben einiger für den weltlichen Bereich entwickelter Prinzipien rezensiert wird. Die Inanspruchnahme von Topoi wie Demokratie, Rechtsstaatlichkeit und Menschenrechten bei der Brandmarkung mißliebiger Religionen als „undemokratisch", „menschenrechtswidrig", „diskriminierend", „intolerant" und „fundamentalistisch" scheint auf einem identitären Mißverständnis zu beruhen: Charakteristikum der modernen weltlich(-staatlichen) Ordnung ist ihre grundlegende Scheidung von der Gesellschaft.

Dies gilt gleichermaßen für den nationalen Staat wie für die supranationale Union. Sie beruht auf den – allen

---

[7]  Zitiert nach Leo Pfeffer, Church, State, and Freedom, 1953, S. 112.

Mitgliedstaaten gemeinsamen – elementaren Grundsätzen des gedeihlichen Zusammenlebens (Art. 6 Abs. 1 EUV: Freiheit, Demokratie, Achtung der Menschenrechte und Grundfreiheiten, Rechtsstaatlichkeit). Als Rechtsgemeinschaft gewährt sie dem Bürger wie den gesellschaftlichen Kräften ein Höchstmaß an Freiheit. Dieses kann auch und gerade darin bestehen, persönliche Lebensführung wie korporatives Handeln an Maßstäben auszurichten, die mit den für den institutionell-öffentlichen Bereich statuierten Strukturprinzipien nicht kongruent sind. Um so mehr gilt dies, wenn gesellschaftliche Kräfte wie gerade die Kirchen – in der Welt stehend, aber nicht von der Welt – für sich ein auf anderen Ordnungsmustern und Systemgrundsätzen beruhendes Konzept verfolgen. Für den modernen freiheitlichen Hoheitsverband, Staat wie Union, ist diese Distinktion von Strukturbindung und Freiheitsgewährung essentiell.

## 2. Gefahr der oktroyierten „Zivilreligion"

Dieser essentielle Grundsatz der Säkularität steht – national wie europäisch – gegenwärtig vor einer vielfach noch nicht in das allgemeine Bewußtsein gelangten Herausforderung. Diese besteht indes nicht (wie mancherorts immer noch zu insinuieren versucht wird) in etwa weiter fortbestehenden Allianzen zwischen Thron und Altar. Als problematisch erweisen sich vielmehr „von der anderen Seite" kommende Tendenzen, welche unter Berufung auf bestimmte „Werte" die Freiheit bestimmter Rechtssubjekte um eines vorgeblichen gesellschaftlichen Nutzens einzuschränken bestrebt sind.

Beispiele lassen sich zur Genüge anführen. Illustrandi causa sei hier aus dem deutschen Bereich nur auf die Praxis des Unterrichtsfaches „LER" in Brandenburg („Was Werte sind, bestimmen wir"), auf die aktuellen Pläne zur Einführung eines allgemein verbindlichen „Werteunterrichts" in Berlin oder auf die ebenso massive wie offensichtlich gezielte finanzielle Förderung ansonsten nicht lebensfähiger weltanschaulicher Vereinigungen und Unternehmungen in den östlichen Bundesländern („Jugendweihe") verwiesen[8].

Auf europäischer Ebene läßt sich eine vergleichbare Entwicklung beobachten, welche durch die mitgliedstaatliche Gesetzgebung in kleine Münze gebrochen wird, die in ihrer Technik aber noch subtiler wirkt. Es geht um das Regime der Antidiskriminierung: Das europäischem Recht ächtet in bestimmten Bereichen bestimmte „Diskriminierungen" (en vogue vor allem: wegen „sexueller Orientierung"), und zwar auch und gerade im gesellschaftlichen Bereich. Für den Staat entspricht dies bereits geltendem Recht und ist grundsätzlich unproblematisch. Neu aber ist, daß auch Private – also Grundrechtsträger – nunmehr zu diskriminierungsfreiem Handeln verpflichtet sein sollen. Ein umfangreiches materiell- und verfahrensrechtliches Instrumentarium sichert die Effektivität des Regimes ab. Seine Stoßrichtung ist klar, teilweise (so in den Gesetzentwürfen der deutschen Bundesregierung) auch erklärt: Es geht um die Umerziehung des Bürgers[9].

Davon betroffen sind auch und gerade die Kirchen. Jenes Antidiskriminierungsregime firmiert als Keule, um ihren Sendungsauftrag zu treffen. Kirchliche Amtsträger, welche etwa die Lehre zu Ehe und Familie un-

---

[8]  Konrad Jahr-Weidauer, Zuschüsse für Humanistischen Verband in der Kritik, Berliner Morgenpost v. 9. Mai 2004; Mechthild Küpper, Hauptstadt des Humanismus. Ein einflußreicher Verband und der geplante Werteunterricht in Berlin, FAZ, Nr. 99 v. 29. April 2005, S. 6; speziell zur Förderung der sog. „Jugendweihe" Dieter Wenz, Der rot-rote Kulturstreich, FAZ Nr. 125 v. 2. Juni 1999, S. 16, sowie Andreas Rosenfelder, Ehre sei niemandem in der Höhe, FAZ, Nr. 286 v. 7. Dezember 2004, S. 36

[9]  S. im einzelnen Deutscher Bundestag, Drucksache 15/4538 (abrufbar unter: http://dip.bundestag.de/btd/15/045/1504538. pdf), decouvrierend vor allem S. 20: „In Deutschland gibt es bisher keine Kultur der Antidiskriminierung".

gekürzt verkündigen, müssen mittlerweile europaweit nicht nur mit politischen (was sie hinnehmen müssen), sondern auch mit rechtlichen Aktionen einschlägiger konträr eingestellter pressure groups rechnen. In Spanien sah sich die Bischofskonferenz einer Strafanzeige ausgesetzt, nachdem sie ein Hirtenbrief mit dem Titel „Als Mann und Frau schuf er sie" veröffentlicht hatte. In Frankreich und Schweden bestehen bereits Straftatbestände für „antidiskriminierende Äußerungen", aufgrund derer ein schwedischer protestantischer Pastor wegen vorgeblicher „homophober Äußerungen" erstinstanzlich zu einer Gefängnisstrafe verurteilt wurde. Videat ecclesia – das Antidiskriminierungsregime droht zum funktionalen Äquivalent des Bismarck'schen Kanzelparagraphen zu geraten.

Der Fluchtpunkt all dieser Beobachtungen und Tendenzen läßt sich in dem schillernden Begriff der „Zivilreligion" bündeln[10]. Die moderne weltliche Gewalt erkennt zwar, daß das geordnete menschliche Zusammenleben Wertmaßstäbe benötigt, und realisiert weiter, daß die tradierten Wertmaßstäbe an Akzeptanz eingebüßt haben (woran sie selbst keineswegs unbeteiligt war und ist). Statt aber die gesellschaftlichen Kräfte zu ermutigen und zu befähigen, ihre Vorstellungen und Werte zu entfalten und – im Diskurs mit konkurrierenden Modellen – wirksam werden zu lassen, unternimmt die weltliche Gewalt vermehrt den Versuch, derartige Wertmaßstäbe selbst zu definieren und zu schaffen. Eine derartige Konzeption ist keineswegs neu, letztlich basiert sie auf den Gedanken, die Jean Jacques Rousseau 1762 in seinem „Contrat Social" dargelegt hatte. In seiner Struktur ist das Modell etatistisch, in seinem Inhalt dezisionistisch: Woher die Maßstäbe für derartige „Werte" kommen, bleibt offen. In der Praxis bestimmt sie der Zeitgeist – gegenwärtig eher egalitär-

---

[10] Grundinformation zum Begriff bei Wolfhart Pannenberg, Stichwort „Zivilreligion", in: Görres-Gesellschaft (Hrsg.), Staatslexion, Bd. 5, 7. Aufl. 1989, Sp. 1169 ff.

emanzipatorisch, unter anderen Umständen vielleicht auch wieder einmal neokonfessionalistisch. Keine der Optionen aber entspricht dem Leitbild des modernen, freiheitlichen Rechtsstaates.

Für Deutschland läßt sich das Ergebnis aus dem positiven Verfassungsrecht gewinnen. Demnach ist nicht nur eine „Staatskirche" oder „Staatsreligion", sondern ebenso eine „Staatsweltanschauung" unzulässig[11]. Für den Prozeß der europäischen Verfassunggebung muß hingegen auf grundlegendere Überlegungen zurückgegriffen werden. Dies hat vor einigen Jahren Robert Spaemann in einem lesenswerten und anregenden Essay in der „Neuen Zürcher Zeitung" unternommen, wo er mit Recht ausführt: „,Grundwerte˙ sind im Begriff, die Grundrechte zu unterlaufen, die Wertegemeinschaft droht an die Stelle der Rechtsordnung zu treten, die Pflicht, sich zu bestimmten Werten zu bekennen, an die Stelle der Pflicht, den Gesetzen zu gehorchen. ... Die mühsam erworbene Errungenschaft des liberalen Rechtsstaats wird wieder preisgegeben, wenn der Staat sich als Wertegemeinschaft versteht."[12]

3.   Unverfügbarkeit der kulturellen Wurzeln des Rechts

Demgegenüber ist mit Nachdruck daran festzuhalten, daß auch im Hinblick auf die europäische Verfassungsgebung Identitätsstiftung und Integration nur dann gelingen kann, wenn sie in den Bahnen des Rechts verläuft. Als die Europäische Wirtschaftsgemeinschaft verbreitet nur in dieser ihrem Namen entsprechenden

---

[11] S. nur Alexander Hollerbach, Grundlagen des Staatskirchenrechts, in: Josef Isensee/Paul Kirchhof (Hrsg.), Handbuch des Staatsrechts der Bundesrepublik Deutschland, Bd. VI, 2. Aufl. 2001, § 138 Rn. 113.

[12] Robert Spaemann, Europa – Rechtsordnung oder Wertegemeinschaft?, Neue Zürcher Zeitung, Nr. 16 v. 20. Januar 2001, S. 92.

Funktion wahrgenommen wurde, betonte Walter Hallstein ihren Charakter als „Rechtsgemeinschaft"[13]. Diese
Beschreibung ist von einer zeitlosen Aktualität, die
namentlich den soeben skizzierten Bestrebungen entge-
genzuhalten ist.

Der Anspruch, den das Recht erhebt, ist, verglichen
mit der mitunter emphatischen „Werte"-Rhetorik, gera-
dezu demütig: Es will in einer sektoralen weltlichen
Ordnung das gedeihliche Zusammenleben der Menschen organisieren. Dabei kommen ihm die drei Funktionen der Befriedung, der Regelung und der Integration zu. Es nimmt den Menschen so, wie er ist, nicht, wie
er – nach wessen Maßstäben eigentlich? – sein soll. Es
weiß um die Grenzen seiner Möglichkeiten und über-
läßt die Schaffung eines neuen Himmels und einer
neuen Erde anderen Instanzen. So schafft es Freiräume
für den Menschen, um dessentwillen es besteht, und
eröffnet ihm das weite Feld der Erprobung und Bewäh-
rung seiner Werte, sofern sie nicht schlechthin gemein-
schaftsschädlich sind.

Hinzu kommt ein Weiteres: Das Recht ist das Resul-
tat historisch-kultureller Gegebenheiten. Es knüpft an
Befunde aus dem Realbereich – vor allem an zentrale
anthropologische Daten – an, formt und gestaltet sie
und bildet so den Rahmen für das menschliche Zusammenleben. Recht ist aber kein aus einem juristischen
Urknall entstandenes Kunstprodukt. So sehr es immer
neu der Legitimation und der Prüfung der Zeitgemäß-
heit bedarf, stehen doch seine kulturellen Wurzeln
regelmäßig nicht zur Disposition. Diese sind, soll das
Recht freiheitlich und in des Wortes bester und eigent-
licher Bedeutung liberal bleiben, unverfügbar für tages-
politische Wünschbarkeiten.

---

[13] Walter Hallstein, Die EWG – Eine Rechtsgemeinschaft,
Ansprache am 12. März 1962 aus Anlaß der Ehrenpromotion
durch die Universität Padua, in: Thomas Oppermann (Hrsg.),
Europäische Reden, 1979, S. 341 ff.

Diesen Zusammenhang hat im vergangenen Jahr der Heilige Vater – damals noch Joseph Kardinal Ratzinger – in einem Vortrag im Italienischen Senat auf den Punkt gebracht:

„Hier gibt es einen merkwürdigen und nur als pathologisch zu bezeichnenden Selbsthaß des Abendlandes, das sich zwar lobenswerterweise fremden Werten verstehend zu öffnen versucht, aber sich selbst nicht mehr mag, von seiner eigenen Geschichte nur noch das Grausame und Zerstörerische sieht, das Große und Reine aber nicht mehr wahrzunehmen vermag. … Die immer wieder leidenschaftlich geforderte Multikulturalität ist manchmal vor allem Absage an das Eigene, Flucht vor dem Eigenen. Aber Multikulturalität kann ohne gemeinsame Konstanten, ohne Richtpunkte des Eigenen nicht bestehen."[14]

Auf diesem Terrain hat Europa eine Vielzahl von Bewährungsproben zu bestehen. Als Stichworte seien hier nur genannt: der Schutz des menschlichen Lebens – gerade an seinem Beginn und an seinem Ende – sowie die Behandlung personaler Gemeinschaften wie Ehe und Familie. Als institutionelle Nagelprobe dürfte sich die Frage erweisen, in welchem räumlich-geographischen Rahmen Europa sich selbst definiert[15].

Ohne diesen Komplex hier ausloten zu können, sei doch auf einen Gesichtspunkt hingewiesen, der zentral mit unserem Thema zusammenhängt. Gemeinhin gilt die Türkei als „laizistischer" Staat, was nach dem Verfassungswortlaut zweifellos zutrifft. Der Begriff ist

---

[14] Joseph Kardinal Ratzinger, Europas Identität. Seine geistigen Grundlagen gestern, heute, morgen, in: ders., Werte in Zeiten des Umbruchs. Die Herausforderungen der Zukunft bestehen, 2005, S. 68 (87 f.).

[15] Hierzu Dietrich Murswiek, Der Europa-Begriff des Grundgesetzes in: Jürgen Bröhmer / Roland Bieber / Christian Calliess / Christine Langenfeld / Stefan Weber / Joachim Wolf (Hrsg.), Internationale Gemeinschaft und Menschenrechte. Festschrift für Georg Ress zum 70. Geburtstag, 2005, S. 657 ff.

gerade hier aber zutiefst irreführend; laïcité turque und laïcité française haben fundamental unterschiedliche Gehalte. Die türkische Variante konstituiert, bei Licht betrachtet, ein dezidiert staatsreligiöses System. In ihm wird ein Bekenntnis (den sunnitischen Islam) ebenso privilegiert wie rigoros kontrolliert, andere Bekenntnisse (nicht nur christliche, sondern namentlich auch der alevitische Islam) werden diskriminiert und unterdrückt[16].

## V. Versuch einer Antwort

Worauf also kann sich Europa gründen, wenn es – ideell wie rechtlich – auf beständigen Fels gebaut sein soll? Eine denkbare, vor allem gangbare Antwort sollte zwei Aspekte miteinander verbinden:

In verfahrensmäßiger – oder: methodischer – Hinsicht ist zu bedenken, daß Europa scheitern muß und wird, wenn es gleichsam aus einer Retorte konstituiert werden würde oder aber seine historisch-kulturellen Wurzeln verleugnete. Europa kann und wird gelingen, wenn es aus seinen unterschiedlichen Traditionen und Prägungen ein harmonisches Ganzes zu entwickeln versteht. „In Vielfalt geeint" ist dabei eine treffende Devise, die es verdient, ernst genommen zu werden. Damit nicht zu vereinbaren wäre der Versuch eines oder mehrerer Mitgliedstaaten, die eigenen Überzeugungen möglichst umfassend zu übertragen.

Inhaltlich gilt für die Union die gleiche Maxime, wie sie in den Beratungen des Parlamentarischen Rates für das Grundgesetz formuliert, dann aber letztlich nicht in dieses textlich aufgenommen wurde: „Der Staat ist für den Menschen da, nicht der Mensch für den Staat".

---

[16] Zu diesem Komplex Ernst-Wolfgang Böckenförde, Nein zum Beitritt der Türkei. Eine Begründung, in: FAZ, Nr. 289 v. 10. Dezember 2004, S. 35 f.; Hans-Ulrich Wehler, Die Selbstzerstörung der EU durch den Beitritt der Türkei, in: Zur Debatte, Heft 6/2003, S. 17 ff.

Ausgangs- wie Fluchtpunkt aller Rechtsetzung wie Verfassungsgebung ist die Würde der menschlichen Person. Darunter ist, soll sie nicht zur wohlfeilen Konsensformel verkommen, freilich mehr zu begreifen, als ein bloßer Humanismus. Das Diktum von Franz Grillparzer sollte als Mahnung für die Fehlsamkeit auch des Menschen bedacht bleiben. Noch spezieller bringt dies ein Zitat aus unserem Zusammenhang des Verhältnisses von Religion und Öffentlichkeit zum Ausdruck: Jules Ferry – verantwortlicher französischer Kultusminister der 1880er Jahre und maßgeblicher Initiator der „laizistischen" Schule – verfocht die Devise „Organiser l'humanité sans dieu et sans roi". Derartige Verständnismuster scheinen sich bisweilen auch noch in das 21. Jahrhundert hinübergerettet zu haben. Einem derartigen „weltlichen Humanismus" hat Peter Glotz zu Recht vorgehalten, er sei „erstarrt zur laizistischen Orthodoxie"[17].

Die Würde der menschlichen Person als Grundgedanken der weltlichen Ordnung auch in Europa zu verankern, heißt dabei, ihre Begabungen und Begrenzungen, ihre Anlagen und Schwächen zu akzeptieren, ihr rechtlich einen Entfaltungsraum zu gewährleisten, der ihr selbst die Möglichkeit eröffnet, ihr Leben in Freiheit zu gestalten. Ein konstitutives Element der menschlichen Natur ist eben dies – ihre Freiheit. Die Entscheidungen seines Lebens hat der Mensch selbst zu treffen, nicht eine weltliche Gemeinschaft an seiner Stelle.

Dieser Gedanke endlich ermöglicht nun auch eine Antwort auf die Frage, wie in Europa das Verhältnis von Religion und Öffentlichkeit zu bemessen sei. Strukturell gesehen, verbietet sich jedes Einheitsmodell, unabhängig von seiner inhaltlichen Ausrichtung. Denn – dies hat die kurze rechtsvergleichende Tour d'horizon gezeigt – unter dem Dach des europäischen Hauses gibt

---

[17] Peter Glotz, Heiße Mischung. Welchen Consensus braucht die EU?, FAZ, Nr. 301 v. 24. Dezember 2004, S. 33.

es viele staatskirchenrechtliche Wohnungen. Eine von ihnen (mit welchen Erwägungen eigentlich?) als Musterwohnung auszugeben, strafte den Unionsgedanken („In Vielfalt geeint") Lügen. Was speziell die Laizität betrifft, suggeriert der Begriff eine einheitliche Bedeutung, die er nicht (mehr) hat. So ist auch Frankreich, gemessen an den Inhalten des späten 19. und frühen 20. Jahrhundert, längst kein laizistischer Staat mehr.

Könnte aber die Union in diesem Sinne laizistisch sein, Religion und weltliche Macht strikt trennen, die Religion von der Öffentlichkeit in die Sakristei oder die Moschee verbannen? Unter der Prämisse der Freiheitlichkeit ist dies ausgeschlossen: Religion gehört, wie immer man inhaltlich zu ihr stehen mag, zum Leben. Dieses eigenverantwortlich – im Sinne von nicht-hoheitlich determiniert – zu gestalten, ist, wie gezeigt, der Kerngehalt der Würde der menschlichen Person. Wollte man Kirche und Religion das Recht der Existenz in der Öffentlichkeit absprechen, nähme man ihr wie ihren Angehörigen ein elementares Menschenrecht, ebenso denen, die auf der Suche sind, die Möglichkeit, nach eigener Entscheidung Orientierung zu finden. Und zuletzt, nicht die unwichtigste Konsequenz, die weltliche Ordnung als die Bündelungsgröße aller ihrer Bürger schadete sich selbst.

Remigiusz Sobański

# Die Haltung der katholischen Kirche in Polen zu Säkularismus und Laizismus in Europa

Es sei mir erlaubt, mit einem persönlichen Bekenntnis zu beginnen. Seit 48 Jahren tue ich Dienst am kirchlichen Gericht auf allen Ebenen, vom Notar bis zum Offizial, über 40 Jahre in Ehenichtigkeitsprozessen als mitentscheidender Richter. Ich muss gestehen, dass ich im Lauf der Jahre immer stärker von einem Dilemma gequält werde. Es geht mir um jene Fälle, in denen die Klage abgewiesen oder ein negatives Urteil gefällt wird. Die Gläubigen wenden sich mit vollem Vertrauen an die zuständige kirchliche Instanz – und werden enttäuscht. Mir ist sehr wohl die Spannung zwischen dem subjektiven Anliegen des Einzelnen und der Identität der Kirche als Gemeinschaft der Gläubigen bewusst. Ich kenne die beiden Seiten des Axioms „salus animarum suprema lex". Aus „falschem Mitgefühl" darf die Unauflösbarkeit der Ehe nicht preisgegeben werden. Andererseits wird man nachdenklich, wenn Menschen mehrfach und unter Angabe verschiedener Gründe versuchen, ihr Anliegen im Einklang mit der Kirche zu regeln. Warum soll die Kirche überhaupt eingeschaltet werden, wenn es – wie die tägliche Praxis zeigt – auch ohne sie geht? Ich meine, viele meiner westlichen Kollegen empfinden ebenso wie ich.

Eine zweite Bemerkung aus kirchenrechtlicher Sicht: Polnische Emigranten, die in Deutschland sesshaft geworden sind, führen Ehenichtigkeitsprozesse oft vor Instanzen der polnischen Kirche. Nicht selten belehren sie uns, dass ihr Anliegen in Deutschland ganz anders beurteilt wird, „freizügiger", wie es heißt. Allerdings kann ich einen solchen Unterschied nicht feststellen. Durch meine guten Kontakte zu einigen deutschen Fachkollegen und zu entsprechenden Instanzen der katholischen Kirche in Deutschland bin ich mit den jeweiligen „Leitsätzen" vertraut. Meines Erachtens gibt es weder sachliche noch vom Prozessablauf her bedingte Unterschiede zwischen der deutschen und der polnischen Rechtsprechung in Eheangelegenheiten. Wenn überhaupt Unterschiede da sind, dann gibt es sie zwischen den polnischen Gerichten. Doch das wird in Deutschland sicherlich auch der Fall sein. Generell wäre ich geneigt zu sagen, dass diese Angelegenheiten in Deutschland eher rigoroser behandelt werden.

## 1. Die Begriffe des Säkularismus und Laizismus

Im Hinblick auf Säkularismus und Laizismus gibt es zwischen den alten und den neuen Mitgliedstaaten der EU keine verschiedenen Vorstellungen. Zwar ist es in Polen gang und gäbe, den Säkularismus und den Laizismus im „dekadenten" Westen zu orten, aber auch im Westen gibt es Klischeevorstellungen vom katholischen Polen. Im ersten Fall ist das eine mehr oder minder getarnte nationalistische, antieuropäische Propaganda; im zweiten Fall ist es – wenn ich das pauschal so sagen darf – Naivität oder Überheblichkeit. Hinsichtlich mancher Erscheinungen kann man wohl sagen: so weit sind wir noch nicht (z. B. Love-Parade, gleichgeschlechtliche Lebensgemeinschaften). Doch an Nachholbereitschaft fehlt es nicht[1]. Säkularismus und Laizismus sind keine nur westeuropäischen Erscheinungen. Kein europäisches Land ist gegen diese Phänomene immun. Das scheint auch in der Formulierung des Themas mit inbegriffen zu sein: Säkularismus und Laizismus in Europa.

---

[1]    Wenn ich nochmals an ein persönliches Erlebnis anknüpfen darf. Seit 1991 fungiere ich als Professor auch an der juristischen Fakultät der Universität Kattowitz. Während dieser Jahre bin ich nur einmal auf heftigen Widerspruch gestoßen, nämlich als über die Homosexualität im Lichte der katholischen Lehre die Rede war.

Säkularistische bzw. laizistische Tendenzen finden ihre Ursachen meist innerhalb der jeweiligen Gesellschaften und werden nur selten von außen heran getragen. Deshalb sollte die Kirche in Polen ihr Augenmerk auf die innerpolnischen Verhältnisse richten, wenn sie sich mit der Problematik auseinandersetzt. Ich sage „sollte", denn manchmal erliegen auch die Menschen der Kirche in Polen der Versuchung, das Böse (oder mindestens die Quelle des Bösen) außerhalb Polens zu lokalisieren.

Bevor man etwas über die Haltung der Kirche in Polen zu diesen Erscheinungen sagt, müssen die Begriffe geklärt werden. Säkularismus und Laizismus sind keinesfalls eindeutig.

Säkularismus bedeutet hier nicht Säkularisation im Sinne einer „Überführung von Vermögensmassen, die kirchlichen Zwecken dienten, in das Staatsvermögen"[2], sondern meint das Phänomen „der Abständigkeit und des Abfalls breiter Bevölkerungskreise von Kirche und Religion"[3]. Säkularismus steht dem Begriff der Säkularisierung nahe. Säkularismus ist vor allem eine Geisteshaltung.

Ähnliche Klärungen scheinen beim Begriff des Laizismus notwendig zu sein. Mit diesem Wort war ursprünglich die „weltanschauliche Forderung nach Lösung des öffentlichen Lebens in Staat, Gesellschaft, Recht, Wirtschaft, Kultur und Erziehung von Religion und Kirche" gemeint[4]. Doch „unter dem Einfluss der Rechtsprechung trat der ideologische Charakter allmählich zurück" und es „setzte sich der vom Laizismus abgespaltene Grundsatz der staatlichen Laizität durch",

---

2   D. Pirson, Die geschichtlichen Wurzeln des deutschen Staatskirchenrechts, in: Handbuch des Staatskirchenrechts der Bundesrepublik Deutschland, hrsg. J. Listl, D. Pirson, Berlin ²1994, I, 37.

3   H. Maier, Staat und Kirche in der Bundesrepublik Deutschland, ebda. 95.

4   A. Frhr. v. Campenhausen, Der heutige Verfassungsstaat und die Religion, ebda. 67.

der „die völlige Enthaltsamkeit des Staates in Weltan-
schauungsfragen" bezeichnete[5]. Der Unterschied zwischen Laizität (laicité, laicismo) und Laizismus (laicis-
me, laicità) wurde von Papst Johannes Paul II. in seiner
Ansprache an das Corps Diplomatique am 12.1.2004 in
Erinnerung gebracht[6]. Die – positiv bewertete – Laizität
beinhaltet drei parallele Prinzipien: 1. keine Trennung
der Politik von der Moral; 2. Trennung zwischen der
politischen und der religiösen Gemeinschaft; 3. Aus-
schluss eines staatlich vertretenen Agnostizismus und
Atheismus. Die Grenzen sind nicht immer deutlich. Die
Laizität, betrachtet als Ideal, entartet nicht selten zum
Laizismus und damit praktisch zur Negation der Merk-
male, die die Laizität kennzeichnen: Es kommt zu einem ethischen Indifferentismus, zur Verdrängung der
Religion in die „Privatsphäre" und zur Verweigerung
ihrer „sozialen Relevanz".

## 2. Laizität und Laizismus in Polen

Ein so verstandener Laizismus bleibt an der Grenze
Polens nicht stehen. In dieser Hinsicht sind die Grenzen
schon lange vor dem Beitritt Polens zur EU gefallen.
Mancherorts harmonisiert er und verbündet sich mit
einem Restecho der Laizisierungsprogramme des sozialistischen Staates. Manche bezeichnen das – frei
übersetzt – als „sozialistischen Postmodernismus"[7] und
meinen damit ein Konglomerat von faulen Kompromis-
sen, Beliebigkeits-Religiosität, und hedonistischer
Lebensphilosophie. Aber auch die Unfähigkeit, die
eigene Vergangenheit aufzuarbeiten, gehört dazu. Dabei wird auf die persuasive Rolle der Medien hingewiesen. Sie werden beschuldigt, dass sie den Laizismus

---

[5]  Ebda. 68.
[6]  AAS 96 (2004) 337–342, bes. 340.
[7]  Dieser Begriff stammt vom M. Zięba, Demokracja i antye-
wangelizacja, Poznań 1997, 137.

66

fördern, vor allem durch eine verkappte Lancierung folgender Thesen[8]:

1. Alle Religionen sind gleichberechtigt, weil alle etwas Wertvolles offerieren.
2. Die katholische Moral ist nur die Moral einer einzelnen Gruppe. Sie findet ihre Begründung nicht in der Wahrheit über den Menschen und hat deswegen keinen universellen Wert.
3. Die Grundwerte sind konsensbedürftig, alle Normen sind begrenzt und relativ.
4. Der ethische Relativismus und der Skeptizismus sind Ausdruck von Demokratie und Toleranz.
5. Toleranz stellt den höchsten Wert dar: als Christ darf ich nicht sagen, was ich als schlecht und dumm erachte und was mich als Christen beleidigt, aber ich muss alles verwerfen, was einen Muslim oder Juden beleidigen könnte.

Es lässt sich nicht leugnen, dass mit der Forcierung solcher Thesen die Grenze der Laizität überschritten wird.

Die Laizität („als solche") wird als Bedrohung von denen gesehen, die von Polen als einem katholischen Land sprechen. Ich vermag nicht einzuschätzen, inwiefern diese Redeweise überhaupt ehrlich gemeint ist. Der Widerstand gegen den Laizismus ist Teil des politischen Programms einiger Parteien und Kreise, die dabei aber auch die Laizität ins Visier nehmen. Dies fällt ihnen jedoch bisweilen um so leichter angesichts mancher Vorkommnisse wie die Auseinandersetzungen um die Erwähnung des Christentums in der Präambel der europäischen Verfassung, wie den Fall Buttiglione oder den Streit um die Weihnachtskrippe in Italien. Auch in

---

[8]  So M. Iłowiecki, Obraz chrześcijaństwa w mediach. Refleksje dziennikarza, in: Chrześcijaństwo jutra, Lublin 2001, 96–121). Ähnlich H. Seweryniak, Drugi Synod Plenarny w Polsce wyzwaniem dla duszpasterzy, in: Komisja Duszpasterska Ogólnego KEP, Umiłować Chrystusa. Program duszpasterski na rok 2002/2003, Katowice 2002, 423.

Polen werden sowohl laizistische als auch katholische fundamentalistische Positionen aufgebaut; doch zum Wortwechsel kommt es selten zwischen diesen extremen Standpunkten. Viel häufiger gibt es Kontroversen zwischen fundamentalistischen und ausgewogenen Positionen. Der Laizität wird freilich direkt nur von wenigen, aber lautstarken national-katholischen Gruppierungen widersprochen. Allerdings ist die Haltung der Kirche wegen der unscharfen Grenzziehung zwischen Laizität und Laizismus nicht immer eindeutig und homogen. Die nationale Prägung des Katholizismus in Polen lässt sich nicht leugnen, ebenso wenig der Ort und die Rolle der katholischen Kirche in der Geschichte Polens. Ob deshalb aber von einer katholisch geprägten Gesellschaft gesprochen werden kann, das wäre des Nachdenkens wert und sollte von der Forschung geklärt werden. Gewiss kann man hinweisen auf den Kirchenbesuch, der sehr viel stärker als im „Westen" ist, auf die Tatsache, dass viele Menschen besonders in der Fastenzeit das Bußsakrament empfangen, auf die zahlreichen Pilgerfahrten, auf die sehr hohe Teilnahme am Religionsunterricht, auf das Interesse der Medien an kirchlichen Fragen und auf den – wirklichen oder vermeintlichen – Einfluss des Klerus auf das politische Leben. Die Zahl der Kirchenbesucher ist (um es salopp zu sagen) ausreichend groß[9], sodass die Seelsor-

---

[9]   Nach den Angaben des Ordinariats für das Jahr 2004 beträgt die Zahl der Katholiken in der Erzdiözese Kattowitz 1742965. Zweimal im Jahr – im Frühling und im Herbst – werden die Kirchenbesucher gezählt. Es waren 725271 beziehungsweise 676648 Gläubige, die an der Messe teilnahmen (= 41,6 bzw. 38,8%). Die 2003 durchgeführten Zählungen ergaben für die Erzdiözese Łódź, dass 28,9% der Katholiken an der Sonntagsmesse teilnahmen, in der Diözese Tarnów waren es 74,5%; in ganz Polen waren es 46,9%. Nach Angaben des Justizministeriums gab es im Jahre 2004 106000 Ehescheidungsklagen, im Jahre 2003 86000. Der Anstieg erklärt sich zum Teil durch das Gesetz vom 1. Mai 2004, wonach die Mütter, die ihr Kind alleine erziehen, Beihilfe erhalten.

ger ausgelastet sind. Bleibt man da aber nicht zu sehr „unter sich"?[10] Ich verfüge über keine aussagekräftige Zahlen.

Was den Religionsunterricht betrifft, so darf man nicht übersehen, dass die Wirkung, die von ihm ausgeht, nicht sehr groß und auch nicht sehr tief zu sein scheint, auch wenn viele Religionslehrer – sowohl Geistliche wie Laien – sich oft überanstrengt, wenn nicht gar überfordert fühlen. Eine der Ursachen hierfür dürfte die Überbetonung der Schülerrechte sein, die eine ziemliche Hilflosigkeit der Lehrer bewirkt. Der Religionsunterricht in den Schulen war für die katholische Kirche eine wichtige Angelegenheit, seine Wiedereinführung wurde als Prüfstein der Staat-Kirche-Beziehungen betrachtet. Die Rückkehr des Schulfaches Religion nach 40 Jahren Abwesenheit (mit einem kurzen Intermezzo 1957) erfolgte auf juristisch nicht sehr elegante Weise. Es wurde durch einen Ministerialerlass verfügt und nicht per Gesetz eingeführt Aber alle lautstark vorgetragenen Befürchtungen, es werde in den Schulen Intoleranz und Benachteiligung der Nichtteilnehmenden geben, haben sich als unbegründet erwiesen.

Genauso war es mit dem Konkordat. Auch hier wurde der Vorwurf erhoben, es würde der Intoleranz und der Diskriminierung von Nichtkatholiken Tür und Tor öffnen. Nichts davon ist eingetreten. Ich erwähne dies, um darzulegen, dass man der katholischen Kirche in Polen weder in der Theorie noch in der Praxis eine fundamentalistische Neigung vorwerfen darf[11]. Hinzufügen möchte ich: Schon deshalb, weil die überwiegende Mehrheit der Bevölkerung der katholischen Kirche angehört, sind die Bischöfe an einer rechtlichen Gleich-

---

[10] In der Nacht, als der Papst starb, forderten Gläubige einen Pfarrer auf, die Kirche zu öffnen; er meinte: „das sind Leute, die nie in die Kirche kommen".

[11] Allerdings wurde das Konkordat von ultrakonservativen Katholiken als zu „liberal" und nachgiebig kritisiert.

stellung aller Konfessionen interessiert. Dies betrifft z.
B. alle im Konkordat ausgehandelten Vergünstigungen,
die den anderen Konfessionen zugestanden werden.
Wenngleich bisweilen eine stärkere Gleichbehandlung
angestrebt wird, ist diese m. E. gewährleistet.

## 3. Der „politische Katholizismus"

Die katholische Kirche (die Hierarchie) ist stark am
öffentlichen Diskurs beteiligt. Dies geschieht in verschiedener Weise: Stellungnahmen der Bischofskonferenz (Hirtenbriefe, Erklärungen), Verlautbarungen oder
Erklärungen ihres Präsidiums, Erklärungen oder Interventionen einzelner Bischöfe. Zwar beginnen jetzt die
Kommuniqués nach der Versammlung der Bischofskonferenz nicht mehr mit dem Satz: „Die Bischofskonferenz erwog die sozial-politische Lage im Lande";
doch wichtige Ereignisse (Wahlen, EU-Beitritt) sind
nach wie vor Anlass zu Stellungnahmen an die katholische Bevölkerung. Die Teilnahme an den Wahlen wird
als Gewissenspflicht eingestuft; recht eindeutig werden
die Eigenschaften eines Kandidaten benannt, der für
einen Katholiken als wählbar gilt. Dabei werden freilich
keine Namen genannt oder parteipolitische Präferenzen
ausgesprochen.[12] Dies wäre auch deshalb problema-

---

[12]   „Die Teilnahme an den Parlamentswahlen ist unsere bürger-
liche Pflicht. Wählen sollte man solche Kandidaten, die
Charakter, Redlichkeit und Verantwortungsbewusstsein
aufweisen, das Gemeinwohl des Volkes und des Staates als
vorrangig betrachten und sich nach dem Gewissen, dem
Wächter göttlichen Rechts, richten. Zu schützen sind solche
Werte wie das Leben des Menschen, die christliche Erziehung der jungen Generation, vor allem in Bezug auf das fa-
miliäre Leben. Dies garantieren nicht die Gruppierungen,
die diese Werte ganz im laizistischen Sinne sehen und für
die auftretenden Probleme Lösungen im Geiste einer liberalen Ethik anbieten" – Hirtenbrief des Ständigen Rates der
Polnischen Bischofskonferenz vom 26.8.2001: Słowo pa-

tisch, weil die Parteien auf der rechten Seite des politischen Spektrums zerstritten sind und darum wetteifern, wer von ihnen am meisten patriotisch, heimatliebend und volksverbunden ist. Das Wort, mit dem sie sich einander zu überbieten versuchen, lautet „prawdziwy", was in die Richtung geht: „wahrhaft", „wirklich", „echt", „richtig". Die bislang extrem liegende „Liga der polnischen Familien" scheint abgelöst zu werden von einer aus dem Umfeld von „Radio Maryja" gegründeten Partei „Patriotische Bewegung" (Ruch Patriotyczny). Die politischen Sympathien eines recht großen Teils des Klerus lassen sich nicht leugnen, obwohl sich – wie es scheint – die Geistlichen in ihrer Gesamtheit immer mehr bewusst sind, dass sie nicht als magistri in rebus politicis auftreten sollten.

Schon im Jahre 1992 veröffentlichte Helmut Juros einen Beitrag über den „Politischen Katholizismus in Polen"[13]. Anlass dazu waren die Parlamentswahlen im Jahre 1991, vor denen die polnische Bischofskonferenz einen Hirtenbrief veröffentlichte mit der Frage: „Welches Polen wollen wir?" Ausgehend davon, dass für die Verfassungsfragen die Bürger zuständig und im Falle Polens die meisten von ihnen katholisch sind, ermahnten die Bischöfe ihre Landsleute, dass es ihre Gewissenspflicht sei, auf eine solche Verfassung zu drängen, die der christlichen Weltsicht und der Soziallehre der Kirche entspreche. Juros machte damals darauf aufmerksam, dass der polnische Katholizismus verschiedene parteipolitische Richtungen aufweist. „Er zerfällt in verschiedene Lager und Bewegungen, die sich von einander unterscheiden durch verschiedene Traditionen, durch ein näheres oder ferneres Verhältnis zu den Institutionen der Kirche, durch unterschiedliche Pro-

---

sterskie Rady Stałej Episkopatu Polski przed wyborami parlamentarnymi – Wiad. Archidiec. 69 (2001) 408–411.
[13] Polski katolicyzm polityczny, Przegląd Powszechny (1992) nr 9, 203–224.

gramme, durch abweichende, aber wankende Beurteilung der aktuellen sozialen Realität"[14].

Die katholische Soziallehre wird immer und von allen beschworen, aber sie muss herhalten als (angebliche) Triebfeder verschiedener, oft gar entgegengesetzter Deklarationen, Optionen und (mehr oder weniger klarer) programmatischer Thesen. Juros nahm unter die Lupe ein „antiquarisches" und ein „modernes" Modell des polnischen politischen Katholizismus, warnte vor einer Konfessionalisierung der Politik und plädierte für eine weltanschauliche, nicht aber axiologische Neutralität des Staates. In seinen Ausführungen klingt das Echo der These von E.-W. Böckenförde[15] mitsamt der Korrektur von Paul Kirchhof[16].

Damit sind die ethischen Voraussetzungen des Staates, der Gesellschaft und des Rechts angesprochen. In dieser Hinsicht melden sich oft auch die Bischöfe zu Wort, wobei zu betonen ist, dass sie – von Ausnahmen abgesehen – den heutigen polnischen Staat akzeptieren. Das betrifft die politische Form, doch nicht so sehr den Inhalt von dem viele Polen behaupten, „es sollte nicht so sein" – und dies aus oft entgegengesetzten Gründen. Ich kann nicht einschätzen, inwiefern die tatsächliche Lage dem von den Medien zur Schau getragenen und von der jeweiligen Opposition in alarmierenden Tönen hochgespielten Sachverhalt entspricht[17].

---

[14] Ebd., 249.

[15] E.W. Böckenförde, Die Entstehung des Staates als Vorgang der Säkularisation, in: Staat, Gesellschaft, Freiheit, Frankfurt a. M. 1991, 69.

[16] P. Kirchhof, Die Einheit des Staates in seinen Verfassungsvoraussetzungen, in: Die Einheit des Staates. Symposion aus Anlass der Vollendung des 60. Lebensjahres von Josef Isensee, hrsg. O. Depenheuer (u. a.), Heidelberg 1998, 61.

[17] Erinnert sei an die kürzlich von zwei Parlamentsausschüssen durchgeführten Zeugenverhörungen, die live vom Fernsehen übertragen wurden. In einem Fall ging es um die Privatisierung der staatlichen Versicherungsgesellschaft, im anderen um Unregelmäßigkeiten in der größten polnischen

## 4. Einsatz für die christlichen Werte

Seit dem Umbruch von 1989 brachte die polnische Bischofskonferenz mehrfach ihre Sorge um die ethischen Fundamente von Gesellschaft und Staat zum Ausdruck. Chronologisch wie auch von ihrer Bedeutung her sind hier die „Stellungnahme zu den Wertgrundlagen der neuen Verfassung" vom 16.6.1990[18], der schon erwähnte Aufruf zu den Parlamentswahlen 1991 und der Hirtenbrief „Über die christlichen Werte im Leben der Gesellschaft und des Volkes" vom 30.4.1993[19] zu nennen. Leider wurde der „Stellungnahme" vom 16.6.1990 das Memorandum der Bischofskonferenz „Über die katholischen verfassungsrechtlichen Postulate" vom 26.2.1947 mit dem Hinweis beigefügt, dass dort der polnische Episkopat seinen Standpunkt „zu anderen grundsätzlichen Verfassungsfragen" dargelegt habe. Das Memorandum von 1947 war als Protest gegen ein totalitäres System gedacht, und es wurde dort ein „christlicher Staat des katholischen polnischen Volkes" gefordert. Der Hinweis auf dieses Memorandum geschah wohl aus Versehen, weil die Forderungen nicht in Einklang mit der Lehre des II. Vatikanischen Konzils stehen. Wie immer es auch gemeint war, es gab Anlass zu Befürchtungen, der Episkopat sehne sich nach einem konfessionellen

---

Raffinerie. Als Zeugen wurden auch Menschen vernommen, die in Strafprozessen angeklagt waren und die vor dem Ausschuss Beamte höchsten Ranges von rechts und links beschuldigten. Die keineswegs bewiesenen, manchmal sogar absurden Vorwürfe wurden mit scheinbarem Entsetzen, tatsächlich aber mit kaum verhülltem Vergnügen entgegengenommen.

[18]  Stanowisko Konferencji Episkopatu Polski w sprawie założeń aksjologicznych nowej Konstytucji – Text in: J. Krukowski, Kościół i państwo. Podstawy relacji prawnych, Lublin 1993, 279–283.

[19]  Biskupi polscy o wartościach chrześcijańskich w życiu społeczeństwa i narodu.

Staat[20]. Um diese Befürchtungen zu zerstreuen, veröffentlichte die Bischofskonferenz den oben erwähnten Hirtenbrief. Die Bischöfe legten dort ihr Verständnis der christlichen Werte dar. Sie versicherten, es gehe sowohl um die allgemeinen menschlichen Grundwerte, wie auch um die in der Botschaft Christi geoffenbarten, in denen die Bedeutung der Liebe, der Opferbereitschaft, der Arbeit, des Gebetes, der Freiheit und Wahrheit, der Einheit und des Mitleidens herausgestellt wird. Die Bischöfe betonen die Bedeutung dieser Werte für die Bewahrung der kulturellen und nationalen Identität des polnischen Volkes und fordern, dass sie im sozialen Leben respektiert werden und dass ihnen in der öffentlichen Sphäre Achtung erwiesen wird. Der Begriff der christlichen Werte fand Eingang in die Gesetze vom 7.9.1991 über das Bildungssystem[21] und vom 29.12.1992 über Rundfunk und Fernsehen[22].

Die Bischofkonferenz setzte sich in verschiedenen Äußerungen dem Versuch – wie sie meinte – einer Untergrabung der christlichen Werte entgegen, am schärfsten klingt ihre Stimme, so oft es um den Schutz des Lebens geht[23].

Die christlichen Werte, darunter vor allem die Haltung hinsichtlich der gesetzlichen Regelungen der Ab-

---

[20] R. Sobański, Die „christlichen Werte" im politischen Diskurs in Polen 1989–1995, in: Wege der Theologie: an der Schwelle zum dritten Jahrtausend. Festschrift für Hans Waldenfels, hrsg. G. Riße, H. Sonnemans, B. Theß, Paderborn 1996, 995–1004.

[21] Dz. U.1991, N.91, P.425.

[22] Dz. U.1993, N.7, P.34.

[23] In ihren Stellungnahmen vom 22.10.1994 (Text in: Wiadomości Archidiecezjalne 62 (1994) 552–555) und vom 14.9.1996 (Text in: Wiadomości Archidiecezjalne 64 (1996) 416–417) fordert die Bischofskonferenz eine invocatio Dei in der Verfassungsurkunde, Schutz des Lebens von der Empfängnis bis zum natürlichen Tode, Förderung der Familie und Respektierung der Menschenrechte, vor allem der Religionsfreiheit.

treibung, werden von verschiedenen Gruppierungen und Parteien zur politischen Profilierung ausgenutzt. Sie treten als Besitzer und Sachwalter „christlicher Werte" auf, doch ihre Überheblichkeit, Aggressivität und beschimpfende Art der Polemik trägt nicht zum Verständnis und zur Annahme der Werte in der Gesellschaft bei.[24] Die ethischen Grundlagen der Gesellschaft (und folglich auch des Staates) markieren das Feld, auf dem die Kirche wirken sollte und wirkt. Das bringt sie in die Nähe von Parteien, die die „ethische Erneuerung" in ihr Programm schreiben, aber durch ihr Verhalten die „christlichen Werte", von denen sie soviel sprechen, in Misskredit bringen. Zwar wird keine Partei offiziell favorisiert, doch wird hier und da dieselbe Sprache benützt; die katholische Presse bringt wohlwollende Berichte. Recht selten – und dies nur von einzelnen Bischöfen – wird daran erinnert, dass „niemand das Recht hat, die Autorität der Kirche ausschließlich für sich und seine eigene Meinung in Anspruch zu nehmen"[25]. Die christlichen Werte finden viel Bekenntnis, aber wenig Zeugnis. Alle im Parlament vertretenen Parteien trennen rigoros ihre politische Praxis von der Moral, was jedoch die Erneuerer nicht hindert, dabei über die Moral zu predigen. Die Bischöfe erinnern zwar ab und zu daran, dass man Politik nicht mit Lüge, Verleumdung und böswilligen Unterstellungen betreiben sollte, wagen es aber – von einzelnen Ausnahmen abgesehen – nicht, auch die mit patriotischer Staffage oder gar unter katholischem Schild auftretenden Gruppierungen darauf hinzuweisen oder gar zu tadeln.

Eine beachtenswerte Botschaft veröffentlichte die Bischofskonferenz im Jahre 1995: „Über die Notwendigkeit des Dialoges und der Toleranz beim Aufbau der

---

[24] Eine der Parteien, die recht gute Wahlaussichten hat, führt ihre Kampagne mit der Parole einer „ethischen Revolution".

[25] Gaudium et spes 43,3.

Demokratie"[26]. Sie warnt dort vor einer falschen, idealisierenden Einschätzung der Vergangenheit, die sich in Unverständnis für die Veränderungen und Angst vor neuen Herausforderungen auswirkt. Es seien christliche Antworten auf die neuen Fragen zu suchen. Als bedeutendes „Zeichen der Zeit" wird der Pluralismus gedeutet, der sich sowohl in der Vielfalt der theoretischen Haltungen bei der Suche nach der Wahrheit als auch in der Verschiedenheit der angebotenen Lebensmodelle und der ethischen Prinzipien manifestiert. Die Völker Europas werden, so heißt es, nicht mehr durch gemeinsame Weltanschauung, geschützte Werte und akzeptierte ethische Prinzipien verbunden. Dies alles müsse aber nicht katastrophale Auswirkungen haben, sondern könne eine Chance zur Erarbeitung neuer Qualität darstellen.

Die Christen müssen sich immerfort die Frage nach ihrem Beitrag zur christlichen Gestaltung des Lebens der Gesellschaft stellen, was eines ständigen Dialogs mit der Gegenwart bedarf. Dies bedeutet weder Verzicht auf die absolute Wahrheit noch Relativität aller Werte. Die moderne Demokratie kenne durchaus unantastbare Werte. Deswegen wäre es ein Missverständnis, vom Staat eine „Werteneutralität" zu fordern. Demütig und Gott vertrauend sollten die Christen zur Kenntnis nehmen, dass viele ehrliche und verantwortungsbewusste Menschen mit ihren Überzeugungen nicht übereinstimmen. Vonnöten sei ein gemeinsames Nachdenken über Verhaltensweisen, die die Menschenrechte verletzen und die Grundlagen der freien Gesellschaft untergraben. Die Bischöfe zeigen sich in dieser Botschaft beunruhigt wegen des Tones in polnischen Diskussionen, in denen deutlich eine Verachtung des Menschen und Aggressivität anklingt. Sie missbilligen das Ansinnen mancher Gruppierungen, sich zur führen-

---

[26] Orędzie Biskupów Polskich o potrzebie dialogu i tolerancji w warunkach budowy demokracji – Wiad. Archidiec. 63 (1995) 417–431.

den Kraft des Volkes oder einer auserwählten Klasse zu stilisieren. Schmerzlich konstatieren sie – vor allem dann, wenn es um Gläubige geht – das Fehlen einer elementaren politischen Kultur, den Gebrauch von Intrigen, Unterstellungen und das Abgleiten der Debatte in ein Spektakel des Hasses. Leider ist diese Botschaft ohne nennenswertes Echo geblieben.

So oft die Kirche meint, sie müsse ratione peccati angesichts gesetzgeberischer Initiativen das Wort ergreifen, tut sie es entschieden und klar. Dies geschah im Februar 2005, als unter dem Motto der „aufgeklärten Elternschaft" Teile des Jugendschutzgesetzes novelliert wurden. Danach sollte es Jugendlichen möglich sein, Abtreibungen ohne Zustimmung der Eltern vornehmen zu lassen. Freilich, kirchliche Interventionen stoßen an Grenzen, denn der Laizismus beschränkt sich nicht auf Abtreibung, Euthanasie, Homoehen und feministische Manifestationen. Hinzu kommt, dass sich Kirche mit dem Versuch, Gesetzgebungsprozesse zu beeinflussen, sehr leicht dem Vorwurf der Parteinahme oder der Einmischung in die Politik aussetzt. So notwendig und berechtigt auch solche punktuelle Interventionen sind, so müsste die Kirche auch im Interesse ihrer Glaubwürdigkeit zweierlei beachten: Erstens müsste sie ihre Stimme auch gegen jene Parteien erheben, die vordergründig christliche Überzeugungen verfechten, deren Politik aber weit von jeder Moral entfernt ist. Zweitens müsste sie kritisch ihren Einfluss auf das Wertebewusstsein der polnischen Gesellschaft überprüfen, gerade wenn man bedenkt, dass mit Säkularismus und Laizismus eine Geisteshaltung gemeint ist, die sich auch in Polen breit macht und die nicht auf die Abtreibungsproblematik beschränkt bleibt.

Von einem Abfall breiter Bevölkerungskreise von Religion und Kirche kann in Polen nicht die Rede sein. Die Frage lautet aber, inwiefern die Religion und die Kirche das Denken, die Werte und die Lebenshaltung gestalten. Ich sagte es schon, auf den politische Prozess hat die (katholische) Moral keinen nennenswerten Einfluss. Auch in anderen Bereichen (Sexualmoral!) geht die eigene Interpretation des Dekaloges mit dem Bekenntnis zur Kirche einher. Das alltägliche Vokabular entspricht den europäischen Standards[27].

Was den Laizismus als Geisteshaltung betrifft, steht die katholische Kirche in Polen vor ähnlichen Aufgaben wie die in anderen Ländern Europas[28]. Sie verfügt – wie auch andere Religionen und Konfessionen – über ungehinderte Wirkungsmöglichkeiten, die rechtlich abgesichert sind[29]. Die rechtliche Absicherung der Wir-

---

[27] Es ist eine Tatsachenfeststellung, wenn H. Waldenfels schreibt: (Es) „ist kaum zu leugnen, dass der weltweite Einfluss der Massenmedien, des Fernsehens, des Filmwesens und des Internets Polen heute nicht als weißen Fleck ausspart und die nachwachsenden Generationen sich in den allgemeinen und zugleich uniformierenden Trend einer pluralistischen Gesellschaft einfügen werden" – Im Dienste der polnischen Ortskirche und Weltkirche, in: Valeat aequitas. Księga pamiątkowa ofiarowana ks. Profesorowi Remigiuszowi Sobańskiemu, red. M. Pazdan, Katowice 2000, 496.

[28] Das betont auch der Vorsitzende der Kommission für Seelsorge, Erzbischof Damian Zimoń: „Die Kirche in Polen ist heute kein Gebiet, auf dem man unsere eigenen, spezifisch polnischen Zeichen der Zeit ablesen könnte, abweichend von denen, die man in Europa und gar in der Welt sehen kann ... Nach der Lektüre „Ecclesia in Europa" entdecken wir, dass ganz Europa sich in derselben Lage befindet" – Nie powinniśmy być chrześcijaninami kuturowymi, im Gespräch mit W. Zagrodzki, Homo Dei 75 (2005), Nr 1(274), 72 (eigene Übersetzung).

[29] Wenn man von Einsprüchen der Kirche bezüglich mancher Gesetzesentwürfe absieht, so bleibt wohl nur ein Thema, das einer Absprache zwischen Kirche und Staat bedarf, nämlich die Kirchenfinanzierung. Auf solche Gespräche scheinen aber beide Seiten nicht vorbereitet zu sein. Staatlicherseits gibt es ab und zu Vorstöße linksradikaler Gruppierungen, die die – wie sie meinen – privilegierte Stellung der Kirche abschaffen möchten und manchmal mit recht kuriosen Vorschlägen auftreten. Angesichts dessen und auch im Hinblick auf die aktuelle Zusammensetzung des Parlaments ist es nicht im Interesse der Kirche, dieses Problem zum Gesprächsthema zu machen. Dies um so mehr, als sie keine

kungsmöglichkeiten der Kirche möchte ich eigens betonen. Ohne mich auf die juristische Lage der Kirche und auf die Staat-Kirche-Beziehungen einzulassen[30], möchte ich nur erwähnen, dass das polnische Recht den Begriff „Trennung von Kirche und Staat" nicht kennt[31]. Im Gesetz über die Garantien der Freiheit des Gewissens und des Glaubens wirkt sich die Autonomie der Kirche und das in der Verfassung proklamierte „Zusammenwirken für das Wohl des Menschen und für das Gemeinwohl"[32] in folgenden Rechten aus: Artikulierung und Verkündigung der Lehre, öffentliche Ausübung des Kultus, unbehinderte Gestaltung der Strukturen und Besetzung der Ämter, Ausbildung der Geistlichen, Eigentumserwerb und -verwaltung, Betätigung auf dem Gebiet der Bildung einschließlich des Zugangs zu den öffentlichen Medien, karitative Betätigung, Mitgliedschaft in internationalen Organisationen[33]. Den (fakultativen) Religionsunterricht an staatlichen Schulen habe ich schon erwähnt. Schlagwortartig

---

Vorschläge hat, die sie bei Verhandlungen einbringen könnte. In den Beschlüssen der Plenarsynode lesen wir, dass das polnische Kirchenfinanzierungssystem, das auf freiwilligen Opfern und Beiträgen basiert, aufrechterhalten werden soll, dass aber auch zusätzliche Quellen der Finanzierung zu suchen sind.

[30] Darüber: R. Sobański, Das Verhältnis von Gesellschaft, Staat und Kirche in Polen, in: Zwischen nationaler Identität und europäischer Harmonisierung, hrsg. B. Kämper, M. Schlagheck, Berlin 2002, 25–46 (Staatskirchenrechtliche Abhandlungen 36).

[31] Nach den Erfahrungen aus der kommunistischen Ära war dieser Begriff für die Kirche unerträglich. Darüber: R. Sobański, Der Bürger, die Gesellschaft und der Staat in der polnischen Verfassung, in: Iustitia in caritate. Festgabe E. Rößler zum 25-jährigen Dienstjubiläum als Offizial der Diözese Rottenburg-Stuttgart, hrsg. R. Puza, A. Weiß, Frankfurt a. M. 1997.

[32] Art. 25, Abs.3.

[33] Zusammengestellt in: H. Misztal, Prawo wyznaniowe, Lublin 2000, 220–223.

seien weiterhin vermerkt: das Recht, Schulen jeder Art und Stufe sowie theologische Fakultäten an staatlichen Universitäten zu gründen und zu führen, Militär- und Anstaltsseelsorge, zivilrechtliche Wirkungen der kanonischen Ehe, Gleichberechtigung zwischen kirchlichen und staatlichen Wohltätigkeitseinrichtungen.

Die Frage lautet, wie diese Wirkungsmöglichkeiten genutzt werden und wie es mit der Effizienz steht.

## 5. Die Herausforderung und die Antwort

Die Religion, die Kirchen und vor allem die katholische Kirche sind in Polen präsent, man sieht die katholische Kirche und sie ist in vielfacher Hinsicht aktiv. Das unterliegt keinem Zweifel. Allerdings fehlt es nicht an Geistlichen – Pfarrern und Kaplänen –, die ihr Amt eher als Beruf, als „Job" verstehen, und weniger als Berufung.

Für Informationen über die pastorale Aktivität und auch für deren Würdigung wäre ein Pastoraltheologe zuständig. Ich habe diesen Text in der Karwoche geschrieben. Deshalb gab es viel zu tun in den Kirchen. Allein das Beichtehören nahm viel Zeit in Anspruch, denn die Teilnahme der Gläubigen war recht groß und lebendig. In den Medien waren die liturgischen Feiern präsent. Nimmt man dies als Maßstab, kann wahrlich nicht von Laizismus oder Säkularismus die Rede sein. Als Kirchenrechtler kann ich nur über meine Erfahrungen aus der Studentenseelsorge sprechen: Studenten deklarieren sich als katholisch, aber die Paare wohnen zusammen und machen kein Hehl daraus. Sie gehen zur Beichte kurz vor der Abfahrt zu den Eltern. Und auch dies: Anders als zu den Zeiten des realen Sozialismus gilt es heute als salonfähig, sich als Atheist zu bezeichnen.

Von Interesse dürften die Ergebnisse der polnischen Plenarsynode in den Jahren 1991 bis 1999 sein. Im ersten Kapitel ihrer Verlautbarungen ist von der Notwendigkeit und den Aufgaben der Neuevangelisierung an der Wende des zweiten zum dritten Jahrtausend die Rede. Nach einer ekklesiologischen Einleitung und einem Hinweis auf das in Evangelii nuntiandi dargestellte Anliegen der Neuevangelisierung wird das Erbe des „polnischen Katholizismus" aufgezählt: das Bewahren der Treue zur christlichen Tradition (zur Zeit der Teilung Polens und während der kommunistischen Ära), die Verbundenheit mit der Kultur, die Marienfrömmigkeit sowie der „Massencharakter" (deren negative Seiten aber auch erwähnt sind mit der Bemerkung, dass eben dieser Charakter der polnischen Frömmigkeit in den neuen politischen Verhältnissen neuen Herausforderungen besonders ausgesetzt ist). Dann werden die Hindernisse und Schwierigkeiten der Neuevangelisierung dargelegt. Dabei wird an die Feststellung von Johannes Paul II. angeknüpft, der in Christifideles laici schreibt: „Ganze Länder und Nationen, in denen früher Religion und christliches Leben blühten und lebendige, glaubende Gemeinschaften zu schaffen vermochten, machen nun harte Proben durch und werden zuweilen durch die fortschreitende Verbreitung des Indifferentismus, Säkularismus und Atheismus entscheidend geprägt."[34] In Christifideles laici heißt es zudem, dass sich die Menschen vieler Nationen und Völker durch Wohlstand und Konsumismus veranlasst fühlen, so zu leben, „als wenn es Gott nicht gäbe", wobei die religiöse Indifferenz als nicht weniger Besorgnis erregend und zersetzend erachtet wird wie der ausdrückliche Atheismus[35]. In der Tat, an Stelle des kämpferischen Atheismus trat die Überzeugung, der Mensch könne ohne Gott auskommen. Als beunruhigendes Zeichen dafür werden aufgezählt: falsches Verständnis und Zerrüttung der Ehe, Trennung der Sexualität von der Zeugung, Schwund der Ehrfurcht vor dem Leben, Konsumismus, falscher Begriff der Freiheit,

---

[34] Nr. 34.
[35] ebda. Nr. 34.

Defizite des kirchlichen Bewusstseins bei den Gläubigen, Sekten und Bewegungen, die einen vermeintlich attraktiven Weg zum Heil anbieten[36].

Positiv werden bewertet: das Pontifikat von Johannes Paul II. als „ungewöhnliche Gabe Gottes für die Kirche und das polnische Volk", die vielen Seligsprechungen und Heiligsprechungen in der Zeit seines Pontifikats, die als Zeugnis der Vitalität der Kirche in Polen gedeutet werden[37], die große Zahl verschiedener Bewegungen und Gemeinschaften geistlicher Erneuerung, die relativ große Zahl geistlicher Berufungen und die katholischen Medien und katholischen Hochschulen, darunter theologische Fakultäten an staatlichen Universitäten[38].

Nach der Synode wurde betont, ihre Beschlüsse seien eine Herausforderung für die Seelsorger[39]. Über die Rezeption der Plenarsynode und deren Auswirkungen wage ich nicht zu sprechen.

Ich verfüge über keine Untersuchungen, doch nicht selten bekommt man die Meinung zu hören, dass diese Synode keine große Wirkung hatte und einer Fassade glich, hinter der sich nichts verbirgt. Diese Meinung teilt auch Bischof Tadeusz Pieronek[40]. Bisweilen wird die Synode in den alljährlich von der Kommission der Bischofskonferenz für allgemeine Seelsorge erarbeiteten „Pastoralen Programmen" erwähnt[41]. In den Mate-

---

[36]  II Polski Synod Plenarny (1991–1999), Poznań 2001, 16-19.

[37]  Mit Hinweis auf: Johannes Paul II., litt. apost. Tertio millennio adveniente, 37.

[38]  Ebda. 199.

[39]  Z. B.: H. Seweryniak, Drugi Synod Plenarny w Polsce wezwaniem dla duszpasterzy, (Anm. 8), 419–438.

[40]  Kościół nie poszedł Jego śladem, Interview in Gazeta Wyborcza vom 9./10.4.2005, 12.

[41]  Zur Zeit wird die Kommission von Damian Zimoń, Erzbischof von Kattowitz geleitet. Über die Anfänge dieser Programme berichtet er: „Die Programme der Seelsorge erschienen in der Kirche in Polen zur Zeit, als die Kommission vom Erzbischof Bolesław Kominek aus Breslau geleitet

rialien ist auch von der Unnachgiebigkeit gegenüber dem Säkularismus die Rede[42]. In den letzten Jahren wurden als Ausgangspunkt der Programme päpstliche Dokumente gewählt: Tertio millennio adveniente, Novo millennio ineunte, Ecclesia in Europa. Die päpstliche Reflexion über die Zeichen der Zeit wird von der Kommission als Bezugspunkt gebraucht. Die vom Papst betonten Probleme der Weltkirche sollen angesichts der polnischen Realitäten erwogen und aufgegriffen werden. Entsprechend sind auch die jeweiligen Themen formuliert[43].

In den in Buchform gelieferten Materialien wird versucht, die aktuelle Lage in Polen zu beschreiben, auch im Hinblick auf den Säkularismus und den Laizismus. Aber deren Abwehr bildet nicht den Schwerpunkt der Programme. Es wird u. a. davon gesprochen, dass der Katechese eine „Antikatechese" gegenüberstehe, wobei auf Folgendes aufmerksam gemacht wird:[44]

---

wurde. Mitglied der Kommission war auch der Krakauer Erzbischof Karol Wojtyła. Unmittelbarer Bezugspunkt der Programme war die Auseinandersetzung mit dem Kommunismus, der die Kirche und die Religion bekämpfte und sich die Laizisierung der Gesellschaft zum Ziel setzte. Das waren die Herausforderungen der damaligen Programme. Ihnen musste man sich stellen, vonnöten war die Antwort auf konkrete Bedrohungen". – Interview in Homo Dei 75 (2005) Nr. 1(274), 70 (s. Anm. 26).

[42] Z. B. im Programm für das Jahr 2002/20032, 420.

[43] „Evangelisierung und Bekehrung" (1995/1996), „Jesus Christus der einzige Erlöser der Welt gestern, heute und in Ewigkeit" (1996/1997), „ Die Heilige Geist und seine Gegenwart in der Kirche" (1997/1998), „Ich glaube an Gott den Vater" (1998/1999), „Die neue Evangelisierung an der Schwelle des Dritten Jahrtausends" (2000/2001), „Christus erkennen" (20021/2002), „Christus lieben" (2202/2003), „Christus nachfolgen" (2003/2004), „Das Evangelium der Hoffnung verkünden" (2004/2005).

[44] M. Cogiel, Katechizować w klimacie nadziei, in: Głosić Ewangelię nadziei. Program duszpasterski na rok 2004/2005, Katowice 2004, 153 f.

1. Neue Herausforderungen, die sich aus dem Zusammentreffen verschiedener weltanschaulicher und kultureller Einflüsse ergeben. Diese Einflüsse werden unkritisch angenommen und führen zur Desorientierung der jungen Generation, der es schwer fällt, richtige Entscheidungen zu treffen.

2. Die Jugend wird von einer Elterngeneration erzogen, die selbst in der sozialistischen Ära aufgewachsen ist mit Defiziten im Bereich der Verantwortung, der Werte, der Moral ...

3. Negative Einflüsse der Medien, des Kinos, der Computerspiele (Aggressivität, Konsumismus ...).

4. Leichter Zugang zu Alkohol und Rauschmitteln.

5. Tendenz zur Untergrabung aller Autoritäten, sodass junge Menschen jedweden Bezugspunkt verlieren und in schwierigen Umständen kein Vorbild finden.

6. Schwierige ökonomische Zustände.

Diese Aufzählung führe ich nicht an, um die Lage zu charakterisieren, sondern als Zeichen für die pastorale Sensibilität.


## 6. Schlusswort und Ausblick

Meine Ausführungen sollen nicht mit einem Resümee enden. Vielmehr möchte ich eine Begebenheit ansprechen, mit der ein Artikel über die geistige Situation der jungen polnischen Generation beginnt[45]: Jedes Jahr, am Fest des hl. Andreas Bobola, des Patrons der Warschauer Diözese, geht eine Prozession durch die Straßen der Hauptstadt Polens: Prälaten, Kanoniker, Delegationen der Pfarreien mit Fahnen und Standarten, Leute mit Gebet und Gesang. Es ist Mai und schon recht warm. Vor den Cafés sitzen junge Menschen, trinken Bier und essen Eis. Unter ihnen befinden sich

---

[45] K. Pawlina, Kondycja duchowa młodego pokolenia Polaków, in: Głosić Ewangelię nadziei. Program duszpasterski na rok 2004/2005, Katowice 2004, 97.

einerseits Menschen, denen die traditionelle Kirche ein Ärgernis ist und die sie missbilligen. Andererseits gehören zu ihnen auch jene, die der Gläubigkeit und Gottesverehrung der Kirche mit Verwunderung oder gar Misstrauen begegnen. Aber – so bemerkt der Autor – nicht wenige von denen, die zur kirchlichen Frömmigkeit auf Distanz gehen, pilgern im August 300 Kilometer zu Fuß von Warschau nach Częstochowa. Die Frage, warum sie sich nicht der Prozession anschließen, wird dann damit beantwortet, dass viele junge Leute sich heutzutage nicht mehr mit dieser Form des kirchlichen Auftretens identifizieren können, was aber keinesfalls gleichbedeutend mit einer Ablehnung des Evangeliums ist.

Mit diesem Bild ist nichts Neues und auch nichts für Polen Typisches gesagt. Ich habe es erwähnt, um besser verstehen zu können, was sich in den Tagen nach dem Tod von Papst Johannes Paul II. in Polen ereignet hat und was auch für die Themenstellung meines Referates bedenkenswert ist.

Gleich nachdem die Medien – mit Unterbrechung aller Programme – den Tod des Papstes bekannt gegeben hatten, strömten die Menschen massenweise in die Kirchen. Allerdings fanden sie manche verschlossen vor und intervenierten deswegen bei den Bischöfen. In den Städten waren die Kirchen bis zum Begräbnis des Papstes jeden Abend voll. Viele von den Betenden waren sonst kaum in den Gotteshäusern anzutreffen. Die Seelsorger staunten, was sich da ereignete; sie sahen, dass sich in der Sphäre des Religiösen, aber auch in der Kirche, vieles ohne ihre Initiative ereignen kann, und noch mehr, dass es ihnen schwer fällt, mit solcher Aktivität der Gläubigen Schritt zu halten[46].

Die soziologischen Tatsachen der ersten Aprilwoche führen freilich zu pastoralen Fragen. Zu überlegen wäre, was ist zu tun, damit diese Leute den Kontakt mit

---

[46] „Die Leute haben sich bewährt, die Kirche enttäuschte", war hier und dort zu hören.

der Kirche nicht verlieren. Im Blick bleiben sollten aber auch die nicht unbegründeten Befürchtungen, ob es sich wiederum eine Explosion des polnischen, romantischen Geistes ohne dauerhafte, konstruktive Auswirkungen handeln könnte. Nicht zu vermeiden ist ferner die Kontroverse, ob die Kirche in Polen der pastoralen Sicht des Papstes gefolgt ist[47]. Theologische Relevanz hat wohl das Faktum, dass die Kirchen voll waren nicht nur von frommen, kirchentreuen Leuten, sondern zum großen Teil von solchen, die man normalerweise dem fortschreitenden Laizismus und Säkularismus zugehörig betrachten würde. Es stellt sich die Frage, ob die Positionen und Grundhaltungen nicht neu überdacht werden müssen. Wird man der Lage wirklich gerecht, wenn die „Kultur des Westens" – wie dies so oft in Osteuropa, aber auch im Westen selbst geschieht – heute als die größte Bedrohung der Kirche dargestellt und gedeutet wird? Sollte man nicht in den Ereignissen dieses Frühsommers einen Schimmer von Hoffnung sehen und konsequent das Evagelium der Hoffnung mit Überzeugung und Engagement verkünden?

Dies betrifft die Gesamtkirche, vor allem die Kirche in Europa. Für Polen haben solche Fragen besonderes Gewicht. War er doch „unser" Papst. Jetzt wird sich erweisen, ob die – so oft laut deklarierte – Papsttreue auch Kirchentreue bedeutet. War er doch ein Bezugspunkt „in persona". Manche lokalen Probleme, denen gegenüber die polnische Kirche ratlos schien, erledigte er persönlich. Diese Möglichkeiten der direkten Hilfe – für die hier im Westen wohl kein Verständnis zu finden wäre – wird es nicht mehr geben. Auf manche Beobachter machte ein Teil der Bischöfe in den ersten Tagen nach dem Tode des Papstes einen recht verlorenen Eindruck. Mit dem Begräbnis des Papstes kamen Tage der Besinnung. Wie geht es weiter? Die Lehre von

---

[47] Vgl. dazu kritisch Bischof Pieronek in Gazeta Wyborcza vom 9./10.4.2005. Anderer Ansicht war Erzbischof Michalik in Gazeta Wyborcza vom 12.4.2005.

Johannes Paul II. wird von verschiedenen Seiten beschworen. Schon jetzt wird in Polen gestritten, wer der richtige Erbe des päpstlichen Vermächtnisses sei. Angesichts der Ereignisse der letzten Wochen wird die Kirche nachdenken müssen – über ihren Ort in der Gesellschaft, über die an sie gerichteten Erwartungen, über ihre geistigen Ressourcen ... Erfreulicherweise gibt es auch in Polen Bischöfe, die Europa nicht nur durch das Prisma der Bedrohungen und des Zerfalls sehen[48]. Die Ereignisse um den Tod des Papstes spornen – jedenfalls so sieht es aus polnischer Perspektive aus – zur Besinnung über die Kirche als religiöse Instanz an. Auch in der laizistischen und säkularistischen Welt sind die Erwartungen an die Kirche nicht erloschen[49].

---

[48] „Wir haben vor der Union keine Angst. Wir müssen dort sein und das Unsere tun": Erzbischof D. Zimoń, Dziennik Zachodni vom 24.3.2005.

[49] Während der Audienz des neuen Papstes für die Journalisten am 23.4.2005 wurde von der Zeitung Gazeta Wyborcza eine telefonische Umfrage durchgeführt, ob die Polen möchten, dass Benedikt XVI. ebenso lehrt wie Johannes Paul II. Das Ergebnis:

| Möchtest du, dass der neue Papst | Nein | Ja |
| --- | --- | --- |
| den Dialog mit anderen Religionen weiterführt? | 4% | 93% |
| Empfängnisverhütungsmittel zulässt? | 21% | 70% |
| die Todesstrafe zulässt? | 31% | 60% |
| den Widerspruch gegen den Schwangerschaftsabbruch betont? | 35% | 53% |
| Ehescheidung zulässt? | 42% | 50% |
| Stufenweise das Zölibat abschafft? | 45% | 43% |
| Ordination der Frauen stufenweise zulässt? | 66% | 24% |
| die Haltung gegenüber den Homosexuellen ändert? | 67% | 22% |

Helmut Renöckl

# Sozialethische Anmerkungen zur geistigen und kirchlichen Erneuerung in den Gesellschaften Mitteleuropas[1]

Der überraschende Fall des „Eisernen Vorhangs" 1989/90 und die Auflösung des totalitären Sowjet-Imperiums machten eine Neugestaltung ganz Europas möglich. Fokus der politischen Integration ist die Europäische Union. 2004 erfolgte deren Erweiterung auf 25 Mitglieder durch die Aufnahme einer großen Zahl bis 1989/90 kommunistisch beherrschter mitteleuropäischer Staaten, dazu noch Zypern und Malta[2]. Damit

---

1 Die folgenden Überlegungen stützen sich vor allem auf meine Erfahrungen als Pendler zwischen den Universitäten Linz und České Budějovice/Budweis, sowie auf die Begegnungen und wissenschaftlichen Diskurse im Rahmen der „Vereinigung für katholische Sozialethik in Mitteleuropa", deren Vorsitzender ich seit 2001 bin. Wesentliche weitere Quellen sind die von Paul M. Zulehner und Miklós Tomka geleiteten großen Forschungsprojekte „Aufbruch" und „Pastorales Forum" zur Lage von Religion und Kirche in den Transformationsländern, publiziert in der Reihe „Gott nach dem Kommunismus", sowie die von Manfred Spieker herausgegebene Studie „Katholische Kirche und Zivilgesellschaft in Osteuropa". Nähere Angaben in den Literaturhinweisen am Schluss. Im verfügbaren Rahmen werden neben den direkt verwendeten Quellen nur paradigmatisch weiterführende Publikationen angeführt, eine umfassende Bibliographie ist hier nicht möglich.

2 Mittlerweile sind auch die Beitrittsverhandlungen mit Bulgarien und Rumänien abgeschlossen, jene mit Kroatien sollten rasch folgen. Ein knapper Überblick: Europäische Rundschau, Wien 32 (2004) Heft 1, Europa der 25. Chancen und Risiken. Ausführlich zu diesem Erweiterungsprozess, vorwiegend aus österreichischer Sicht: M. Sajdik, M. Schwarzinger, Die EU-Erweiterung. Hintergrund, Entwicklung, Fakten, Wien 2003.

wurde die Nachkriegsspaltung Europas definitiv überwunden. Angesichts dieser historischen Umbruch- und Neuorientierungsprozesse stellt sich die Frage, wie es um die christliche Präsenz und Gestaltungskraft in den Gesellschaften Mitteleuropas steht. Nach christlicher Überzeugung müssen sich die Kraft des Geistes und die Relevanz der Kirche für das persönliche und gesellschaftliche Leben wesentlich in den „Früchten des Geistes" erweisen. Nach den Akzenten des 2. Vatikanischen Konzils gilt dies besonders hinsichtlich der „Zeichen der Zeit". Gefragt sind also entsprechende Beiträge der Christen und Kirchen zur jetzt möglichen Neugestaltung ganz Europas in Freiheit und Gerechtigkeit.

## 1. Die Lage für Glaube und Kirchen ist in den mitteleuropäischen Ländern sehr verschieden

Es ist schon schwierig, einen geistigen Raum „Mitteleuropa" festzulegen, erst recht ist ein aktueller Überblick kompliziert: Nicht nur die äußeren und inneren Unterschiede zwischen den ehemals „westlichen" und den ehemals kommunistischen Ländern sind zu beachten, sondern auch die sehr unterschiedlichen Vorgeschichten und Lagen in den einzelnen ehemals kommunistischen Ländern, die jetzt, nach dem Wegfall des kommunistischen Zwangskorsetts, wieder deutlich hervortreten.

Ein bemerkenswertes Faktum kennzeichnet die geistig-religiöse Lage in allen Ländern: Trotz der jahrzehntelangen atheistischen Propaganda und der Repression alles Religiösen gibt es in den postkommunistischen Ländern nur wenige überzeugte Atheisten. Weithin dominiert ein geistig-weltanschauliches Vakuum, verbreitet sind Skepsis und Agnostizismus in verschiedenen Varianten, meist ohne tiefere Begründungen. Man ist von den alltäglichen Mühen und Turbulenzen und dem Bedürfnis, viel Versäumtes nachzuholen, so in Anspruch genommen, dass für Fragen nach Tieferem und Höherem kaum Zeit und Energie übrig bleiben.

Studien wie persönliche Erfahrungen zeigen durchaus ein verbreitetes Interesse für Sinn, Werte und Spirituelles, auch für explizit Religiöses. Ansprechpartner für diese Anliegen sucht man aber überwiegend nicht in den traditionellen Kirchen, sondern anderswo. Weithin handelt es sich also um „unbehauste" neue Religiosität und Sinnsuche.[3] Die Hoffnung auf einen kirchlich-religiösen Frühling nach Auflösung des glaubensfeindlichen Totalitarismus hat sich nicht erfüllt.

Auffällig und erklärungsbedürftig sind die krassen Unterschiede in der religiösen Entwicklung seit der Wende zwischen den einzelnen Staaten: Hohe, überwiegend stabile kirchliche Vitalität ist in Polen, zunehmende kirchliche Vitalität in der Slowakei und in Kroatien, auch in Rumänien und Bulgarien festzustellen, marginale, seit der Wende sogar weiter abnehmende Kirchlichkeit zeichnet sich in Tschechien, Ostdeutschland und Estland ab. Gerade die „schwierigsten" Länder dürften als „Prüfstände" und „Laboratorien" für die Zukunftsfähigkeit der christlichen Kirchen und der europäischen Kultur besonders bedeutsam sein.

---

[3] Diese Fragen waren Thema eines FEECA-Kongresses 17.–19.10.1998 in Budapest, dokumentiert in: H. Renöckl, M. Blanckenstein (Hg.), Neue Religiosität fasziniert und verwirrt, Budapest-Würzburg ²2001 (auch in ungarisch und tschechisch erschienen), vgl. vor allem den Beitrag von M. Widl 77–85. Gegenläufig, zahlenmäßig viel geringer, zur meist diffusen „Neuen Religiosität" gibt es Tendenzen zu dichten Gruppierungen mit geschlossener Identität. In meinem Beitrag 154–170 habe ich einige dafür ursächliche Hintergründe und Zusammenhänge skizziert.

Beispiel 1 Tschechien:

## Christen und Kirchen nach der Wende quantitativ marginal[4]

- Vergleich Volkszählung 1991 – 2001
  unterschiedliche amtliche Zahlen[5]

| konfessionslos: | 1991: 39,92% | 2001: 59% (72,63%) |
|---|---|---|
| römisch-katholisch: | 39,03%<br>(bis ca. 50%!) | 2001: 26,79% (22,4%) |
| evangelisch: | 1991: 2,48 % | 2001: 2,32% (1,2%) |
| tschechosl.-hussitisch: | 1991: 1,73% | 2001: 0,7% (0,93%) |
| Sonstige: | 1991: 0,67% | 2001: 3,24% |

Scharfer Rückgang des Anteils der Katholiken und entsprechender Anstieg des Anteils der Konfessionslosen seit der Wende, keine vorschnelle Wertung als atheistisch!

---

[4] Umfangreiche Zahlen und Fakten bei P. Křižek, Tschechische Republik, in: M. Spieker (Hg.), Katholische Kirche und Zivilgesellschaften in Osteuropa, 147–167 und L. Prudký, in: Religion und Kirchen in Ost(Mittel)Europa, 50–99 (s. Literaturhinweise). Zur Interpretation dieser empirischen Daten: J. Šrajer, Theologische Ethik im Übergang – am Beispiel Tschechiens, in: W. Guggenberger, G. Ladner (Hg.), Christlicher Glaube, Theologie und Ethik, Münster 2002, 73–88. Ders., Die gesellschaftliche Lage Tschechiens im Hinblick auf die EU-Integration, in: H. Pribyl, H. Renöckl (Hg.), Was macht Europa zukunftsfähig? Sozialethische Perspektiven, Würzburg 2004, 288–299. H. Renöckl, Tschechien – Ein Laboratorium für die Zukunftsfähigkeit christlicher und europäischer Kultur, in: W. Guggenberger, G. Ladner (Hg.), a. a. O., 53–71.

[5] Diese Differenzen könnten mit der unterschiedlichen Zurechnung unklarer Antworten zusammenhängen. Generell sind diese Zahlen weniger aussagekräftig als im Westen: Nach den totalitären Jahrzehnten besteht große Zurückhaltung, sich bei Befragungen in persönlichen Fragen offen zu deklarieren.

Weiterer Rückgang sicher: unter Katholiken hoher Alten- und geringer Jugendanteil!

– Volkszählung 2001 Anteile der Konfessionslosen und Katholiken nach Alter

|              | konfessionslos | katholisch |
| ------------ | -------------- | ---------- |
| 15 – 19 Jahre | 92 %          | 6 %        |
| 20 – 29 Jahre | 79 %          | 17 %       |
| 30 – 44 Jahre | 81 %          | 14 %       |
| 45 – 59 Jahre | 68 %          | 27 %       |
| 60 und älter  | 51 %          | 42 %       |

Während in Mähren mehr traditionelle kirchliche Substanz überlebt hat, besteht in weiten Teilen Böhmens für Katholiken eine ausgeprägte Diaspora-Situation.

Vor allem in Böhmen gibt es nur noch wenige Priester mit hohem Durchschnittsalter, die niedrigen Zahlen der Seminaristen sind weiter rückläufig.

2003
Böhmische Diözesen:     50 Diözesan-Seminaristen
Mährische Diözesen:     98 Diözesan-Seminaristen
2005
Böhmische Diözesen:     31 Diözesan-Seminaristen
Mährische Diözesen:     81 Diözesan-Seminaristen

Dazu kommen in Böhmen und Mähren noch jeweils rund 40 Ordensseminaristen (keine offiziellen Zahlen verfügbar)

Andererseits:
Hohe Zahlen der Erwachsenentaufen
Böhmische Diözesen 843
Mährische Diözesen  585

Hohe Zahlen von fertigen und studierenden Laientheologinnen und Laientheologen, allerdings mit sehr geringen beruflichen Chancen im kirchlichen Raum!

Trotz der ernüchternden empirischen Daten ist die theologische Bewertung der tschechischen Gesellschaft als atheistische oder „atheisierende" Gesellschaft fragwürdig: Schon eine knappe geschichtliche Anamnese zeigt speziell in Böhmen eine besondere Ballung von Lasten der kirchlichen und der gesellschaftlich-politischen Geschichte: Erste erfolgreiche Missionierung durch Kyrill und Method, dagegen wurden aus politischen Machtgründen bajuwarische Missionare aufgeboten und so eine Eingliederung dieser Gebiete in das deutsch geprägte Kaiserreich gesichert; frühe kulturelle Hochentwicklung im multiethnischen Prag durch Sitz des Kaiserhofes, damit verbundene innerkirchliche Reformbestrebungen wurden unterdrückt; besonders harte Auseinandersetzungen im Zuge der Hussitenaufstände, der Reformation und Gegenreformation; frühe starke Industrialisierung – pastoral versäumt; Nationalitätenkonflikte im 19. und 20. Jahrhundert; national-aufklärerisch geprägte Regierung in der Zwischenkriegszeit; grausame nationalsozialistische Okkupation und Diktatur; Vertreibung der katholischen Deutschsprachigen (über 30% der Bevölkerung); starke kommunistische Kirchenverfolgung; durch Zwangskollektivierung der Bauern Zerstörung der Dörfer als kulturelle und religiöse „Biotope".[6]

Nach zentraler biblischer Orientierung ist davon auszugehen, dass Gott bei den Menschen ist, bei den Bedrückten und Beschädigten, in schwierigen Lagen

---

[6] O. Mádr, Wie Kirche nicht stirbt. Zeugnis aus bedrängten Zeiten der tschechischen Kirche, Leipzig 1993, vgl. darin bes. den kostbaren Beitrag Modus moriendi der Kirche. Zur Theologie einer sterbenden Kirche, 30–38. J. Dolista, T. Machula, Skepsis gegen alles von oben. Theologische Suchbewegungen in der tschechischen Übergangsgesellschaft, in: ThPQ 150,3 (2002), 284–295. P. Pithart, P. Příhoda, M. Otáhal, Wo ist unsere Heimat? Geschichte und Schicksal in den Ländern der böhmischen Krone, München 2003. E. Gatz, Tschechien, in: E. Gatz (Hg.), Kirche und Katholizismus seit 1945, Bd. 2: Ostmittel-, Ost- und Südosteuropa, Paderborn 1999, 187–222. N. Perzi, Die Beneš-Dekrete. Eine europäische Tragödie, St. Pölten 2003.

sogar in besonderer Weise. Zur katholischen Identität[7] gehört die Überzeugung, dass Gott das Heil aller will und daher die Kirche alle Kräfte einsetzen muss, um das den Menschen erfahrbar zu machen. Wenn die Menschen in Tschechien und anderen Gebieten mit ähnlich schwacher Kirchlichkeit bei ihrem Suchen nach Sinn und Spiritualität die Kirchen als Ansprechpartner so wenig wahrnehmen, dann sind nicht vorschnelle Wertungen, sondern intensive Überlegungen und pastorale Anstrengungen angebracht: Wer steht wem fern? Die Menschen den Kirchen? Die Kirchen den Menschen und ihren vorrangigen Anliegen? Beim Pastoraltheologischen Symposium an der Südböhmischen Universität im Oktober 2004 betitelte Abt Martin Werlen von Einsiedeln sein Referat mit der Aufforderung aus der Regel des Hl. Benedikt: „Hören auf die, von denen man nichts erwartet!"

---

[7] Klärung und Festigung der Identität sind in Umbruchszeiten persönlich und kirchlich wichtige Anliegen. Ein Beitrag dazu war der FEECA-Kongress 24.–27.5.1995 in Prag, dokumentiert in: H. Renöckl, T. Halík (Hg.), Katholische Identität in multikultureller Lage?, FEECA-KBE Bonn-Würzburg 1996 (auch in tschechisch und ungarisch erschienen). Im Hinblick auf „katholische Identität" ist im Sinne des 2. Vatikanums zu beachten: Sie ist weniger „feste Bastion" oder „Besitzstand", vielmehr Berufung und Auftrag, den umfassenden Heilswillen Gottes, seine heilsame Nähe gegenwärtig erfahrbar zu machen. Selbstverständlich verlangt diese spirituelle Tiefe katholischer Identität die Loyalität und Mitarbeit mit der konkreten, geschichtlich gewachsenen katholischen Kirche mit ihren Stärken und Schwächen gerade in schwierigen Phasen. Andererseits müssen sich die konkreten kirchlichen Äußerungen, Strukturen und Praxen immer wieder aus der spirituellen Tiefe inspirieren, orientieren und korrigieren lassen.

Beispiel 2 Slowakei:

## Seit der Wende starke kirchliche Vitalität, geringe Präsenz beim gesellschaftlichen Gestalten[8]

Sehr anders als in Böhmen ist die kirchliche Lage in der Slowakei. Die slowakische Lage war für die Vorbereitung und Programmatik des Sozialethik-Symposiums maßgeblich, das unsere „Vereinigung für katholische Sozialethik in Mitteleuropa" 31.3.–2.4.2005 in Bratislava durchführte.[9] Ausgangspunkt waren nachdenkliche Feststellungen des Vorsitzenden der Bischofskonferenz der Slowakei Bischof Prof. Dr. Tondra: Seit der Wende könne in der Slowakei eine erfreuliche Zunahme der kirchlichen Vitalität festgestellt werden: Die Kirchen und die Seminare sind voll! Bei der gesellschaftlichen Neugestaltung in der Slowakei treten die Christen allerdings wenig wirksam in Erscheinung, das machen im Wesentlichen andere. Dabei bestünde sozialethisch großer Handlungsbedarf: Bei aller Anerkennung der makroökonomischen Fortschritte und der Freude über die erreichte EU-Mitgliedschaft ist nicht zu übersehen, dass sich die Abstände zwischen Reichtum, Einfluss

---

[8]   Ausführliche Daten und Fakten: L. Žaloudková, Slowakei, in: M. Spieker (Hg.), Katholische Kirche und Zivilgesellschaft in Osteuropa, 245–311. M.S. Ďurica, Die Slowakei, in: E. Gatz (Hg.), Kirche und Katholizismus seit 1945, Bd. 2: Ostmittel-, Ost- und Südosteuropa, Paderborn 1999, bes. 161-164. D. A. Dufferová, Gesellschaft und Kirche in der Slowakei, in: H. Pribyl, H. Renöckl (Hg.), Was macht Europa zukunftsfähig? Sozialethische Perspektiven, Würzburg 2004, 261–271. M. Butašová, Die pastorale Lage in der Slowakei, in: Diakonia (2004–5), 361–368. K.-P. Schwarz, Tschechen und Slowaken. Der lange Weg zur friedlichen Trennung, Wien 1993.

[9]   In Kooperation mit der Bischofskonferenz der Slowakei und der Theologischen Fakultät der Universität Trnava, mit rund 130 Teilnehmern aus 10 mitteleuropäischen Ländern. Die Dokumentation ist in Arbeit und wird Anfang 2006 erscheinen.

und Chancen bestimmter Gruppen und Regionen bzw. Verarmung, Ohnmacht und Chancenmangel der anderen rapid vergrößern.

Diese nachdenklichen Feststellungen betreffen die katholische Sozialethik zentral, nicht nur hinsichtlich der Entwicklungen in der Slowakei. Ohne die Unterschiede zwischen den verschiedenen Ländern zu übersehen, zeigt sich auch in den übrigen Gesellschaften Mitteleuropas und ganz Europas eine relativ geringe Präsenz der Christen bei der jetzt sich vollziehenden Neugestaltung des zusammenwachsenden Europas. Ihre Artikulations- und vor allem ihre reale gesellschaftliche Gestaltungskraft ist angesichts der sozialen Herausforderungen durch die zunehmende Ballung von Reichtum, Einfluss und Chancen der einen und der korrespondierenden Zunahme von Verarmung, Ohnmacht und Chancenmangel der anderen offensichtlich zu schwach.

Als Motto für dieses Symposium haben wir in Erinnerung an die biblische Seesturm-Szene (vgl. Mk 4,35–41; Lk 8,22–25; Mt 8,23–27) „Rudern, Steuern auf einem stürmischen See" gewählt: Seit dem Fall der kommunistisch-totalitären Regime und der Auflösung der Spaltung Europas vollziehen sich gewaltige Umbrüche in allen Lebensbereichen. Die früher dominante zentrale Steuerung von oben wurde von einer oft schwer überschaubaren Pluralisierung und Dynamisierung abgelöst. Es gibt durch die Wende deutliche Verbesserungen und Gewinner, und es gibt Verschlechterungen und Verlierer. Nicht wenige empfinden ihre Lage jetzt als schlechter, unsicherer und schutzloser als davor. In einer Reihe postkommunistischer Länder zeigen empirische Studien Mehrheiten für die Feststellung: „Während des Kommunismus ging es mir besser als heute." Bei vielen verstärkt sich der Eindruck: „Die neuen ökonomischen und politischen Macher, inländische wie ausländische, richten sich noch weniger nach den Bedürfnissen einfacher Menschen als die abgetretenen Machthaber." Wie erscheinen, wie konkretisieren sich für diese vielen Menschen die „Europäischen Werte"?

Die Kirchen tun sich mit den pluralistisch-dynamischen Verhältnissen nicht leicht, weder in der Slowakei noch in Tschechien, noch in den anderen mitteleuropäischen Ländern. Im Blick auf die biblische Seesturm-Szene ist zu fragen: Ermutigen und befähigen die kirchlichen Leitlinien, die christliche Spiritualität, Pastoral- und Bildungsanstrengungen zum Rudern und Steuern durch die hochgehenden Wellen der aktuellen gesellschaftlichen Umbrüche? Das Mitgestalten von Christen und Kirchen in unseren ökonomisch, wissenschaftlich, technisch, medial geprägten Gesellschaften verlangt sowohl nach entsprechenden Fach-Kompetenzen als auch nach ethischer Orientierung, mehr denn je nach fundierter Hoffnung. Wir brauchen tragfähige, interdisziplinär erarbeitete Konzepte und realistische Programme zu deren Implementierung. Die Frage an unsere katholische Sozialethik ist: Wie lassen sich in unseren komplizierten gesellschaftlichen Lagen wirksame Beiträge für Gemeinwohl und Gerechtigkeit entwerfen, vermitteln und realisieren? An diesen Fragen wurde in Bratislava intensiv gearbeitet, trotz hoher Anstrengung in sehr guter, ermutigender Atmosphäre.

## 2. Chancen und Lasten der Transformation Europas

Europa hat jetzt die historische Chance einer Neugestaltung in Freiheit, spirituell ist dies ein Kairos.[10] Eine historische Chance, einen Kairos kann man aber auch verpassen oder verpatzen! Die Stimmung ist trotz der historischen Chance derzeit weder in der Bevölkerung

---

[10] Vgl.: W. Fürst, J. Drumm, W. M. Schröder (Hg.), Ideen für Europa. Christliche Perspektiven der Europapolitik, Münster 2004. K. Koch, Christsein in einem neuen Europa. Provokationen und Perspektiven, Freiburg/Schweiz 1992. H.C. Ehalt (Hg.), Schlaraffenland? Europa neu denken. Auf der Suche nach einer neuen Identität für den alten Kontinent, Weitra 2005.

noch in der politischen Führungsebene gut. Selbstverständlich bewirkt die Auflösung des „Eisernen Vorhangs", das Zusammenwachsen der bisher getrennten Sphären, nicht nur „drüben" sondern auch „bei uns" gravierende Veränderungen in allen Bereichen. Darauf reagiert man in den westlichen, wohlhabenden Regionen mit vergleichsweise günstigen Rahmenbedingungen überwiegend verstört und blockt so weit es geht ab. Auf den Führungsebenen verkrallt man sich in partikuläre und kurzfristige Interessen und verliert dabei die Perspektive und Gestaltungskraft für das Gemeinsame und Zukunftsfähige. Das haben die schweren Rückschläge auf dem Weg zu einer Minimalverfassung der EU offenbar gemacht.[11] Die Menschen spüren, dass Umbrüche in Gang und Neuorientierungen notwendig sind. Sie werden dadurch verunsichert, und natürlich möchten sie das Vertraute und Angenehme erhalten. Gefragt wären Führungskräfte, die nicht die Probleme vernebeln, sondern weiterführende Wege kennen und bahnen und glaubwürdig vermitteln können, dass sie die Menschen dabei nicht verschaukeln. Leider sind solche Persönlichkeiten derzeit sehr dünn gesät, in der Politik, in der Wirtschaft und auch in der Kirche.

Aussagen zum Stand und zu Perspektiven der geistigen Erneuerung in den postkommunistischen Ländern

---

[11] Überlegungen zum Projekt EU-Verfassung aus der Zeit vor den Rückschlägen: P. Altmaier, Unterwegs zu einem Europäischen Verfassungsvertrag. Der Entwurf des Europäischen Konvents, in: W. Fürst, J. Drumm, W.M. Schröder (Hg.), a. a. O. (s. Anm. 10), 95–120. E. Kapellari: Christen, christliche Kirchen und die Zukunft Europas, in: H. Pribyl, H. Renöckl (Hg.), Was macht Europa zukunftsfähig? Sozialethische Perspektiven, Würzburg 2004, 52–65. F. Leinemann, Brennpunkte der europäischen Verfassungsdebatte aus kirchlicher Sicht, in: S. Baloban, A. Rauscher (Hg.), Herausforderung Europa. Die Christen im Spannungsfeld von nationaler Identität, demokratischer Gesellschaft und politischer Kultur, München 2004, 111–117. I.-J. Štuhec, Anfragen an eine europäische Verfassungsordnung, a. a. O., 119–122.

sind in der unübersichtlichen Umbruchlage nicht leicht, einfache Antworten wären verfehlt. Keinesfalls möchte ich mich unter jene einreihen, die von außen ihre Beurteilungen abgeben, ohne Verständnis dafür, wie viele Probleme von den Menschen dort unter schwierigen Rahmenbedingungen gleichzeitig bewältigt werden müssen. Auch wenn die Richtung der zu gehenden Wege klar ist, bleibt die Einschätzung der zumutbaren Schrittlänge und Schrittfolge eine schwierige und kaum von außen beurteilbare Aufgabe.[12] Erfreulich ist, dass die Christen und die Kirchen in allen postkommunistischen Ländern erhebliches Ansehen haben, gewiss mit Unterschieden, aber trotz aller berechtigten wie unberechtigten Kritik. Obwohl ihre Lagen kompliziert und ihre Ressourcen knapp sind, erweisen sie sich oft als wesentlich vitaler und belastbarer als die Christen und Kirchen im Westen. Man erwartet nach wie vor viel von ihnen, weil man nicht vergessen hat, dass die Kirche in der kommunistischen Zeit – bei allen Unzulänglichkeiten und Schwächen – die einzige große, nicht gleichgeschaltete, Menschen und ihre Würde schützende Institution war und Substantielles zur befreienden Wende und zu deren unblutigem Verlauf beigetragen hat. Im Vergleich zum geringen Ansehen der anderen gesellschaftlichen Großinstitutionen wird die Kirche überall deutlich höher geachtet.

Andererseits ist nicht zu übersehen, dass die geistigen Verkümmerungen und Beschädigungen durch die langen totalitären Jahrzehnte mindestens ebenso groß sind wie die materiellen; ihre Beseitigung bzw. Heilung braucht besonders viel Einsatz und Zeit. Man wurde in

---

[12] Bei dieser Skizze stütze ich mich besonders auf die in Anm. 1 angeführten Studien von Miklós Tomka und Paul M. Zulehner und auf einschlägige neueste Ergebnisse, die M. Tomka beim Symposium in Bratislava referierte. Eine authentische Sicht von innen vom Prager Kardinal-Erzbischof M. Vlk, „Also Avanti!" Christentum und Kirche im Gegenwind der Zeit, Leipzig 1999.

den langen totalitären Jahrzehnten nachhaltig auf Konformität und Passivität ausgerichtet. Eigenes Engagement, Kreativität und die Bereitschaft, selbst Verantwortung zu übernehmen, mussten verkümmern. Es fehlten die höheren Bildungsmöglichkeiten, die geistigen und sozialen Erfahrungsräume, die partizipativen Netzwerke zivilgesellschaftlicher Strukturen. Die Gesellschaft wurde in der langen totalitären Zeit atomisiert und demoralisiert. Man wurde darauf konditioniert, es sich in den verschiedenen Lebensbereichen individuell irgendwie zu richten.

Ein zentrales kirchliches Problem sehe ich in dem fast überall andauernden Verharren in einer Getto-Position gegenüber der Gesellschaft. Diese Existenzform einer weitgehend abgeschotteten christlichen Nischen-Subkultur war unter den totalitären Bedingungen überlebensnotwendig und, auch durch die kommunistischen Attacken, gesellschaftlich durchaus wirksam. Unter den mittlerweile stark pluralisierten Verhältnissen führt das Verweilen in der Getto-Position im Denken und Verhalten aber zum Verlust an gesellschaftlicher Relevanz und zur Identitäts-Schwächung: In einer offenen, pluralistischen Gesellschaft werden Nischenbewohner nicht bekämpft, allerdings auch nicht beachtet, wenn sie sich nicht aktiv und gekonnt in die gesellschaftliche Meinungs- und Entscheidungsbildung einbringen.

Tatsächlich ist in unseren pluralistischen Lagen neben einer Einstellungsänderung auch viel Wissen und Können erforderlich, wenn man sich in die gesellschaftliche Öffentlichkeit wirksam einbringen will. Hier wirkt sich negativ aus, dass die Kirche in den postkommunistischen Ländern – mit Ausnahme Polens – überwiegend in schwächeren und bildungsferneren Schichten verankert ist und während der kommunistisch-totalitären Herrschaft der Zugang zu höherer Bildung überzeugten Christen gezielt erschwert wurde. In den mitteleuropäischen Transformations-Gesellschaften mangelt es daher weithin an christlicher Präsenz in den intellektuell und kulturell prägenden Milieus. Unter den Führungskräften in Wirtschaft, Politik und Medien finden sich nur wenige kompetente Christen. Man beklagt das laut und ist zugleich an die „kleinen Verhältnisse" gewöhnt und will eigentlich auch weiter so unter sich bleiben (soweit man nicht illusionär und restaurativ von einer „christlichen Staatsordnung" träumt). Für die schwierigen Aufgaben und harten Auseinandersetzungen in relevanten gesellschaftlichen Gestaltungsfeldern (Politik, Wirtschaft, Medien, Kunst) fehlen oft die erforderliche fachliche Kompetenz und die innere Bereitschaft.

Solche defiziente Einstellungen und Praxen werden zusätzlich durch verengte Vorstellungen vom christlichen Glauben und christlicher Praxis gestützt: Zu sehr wird Glaube auf das Für-Wahr-Halten bestimmter Glaubenssätze und auf das Einhalten eines traditionellen, personnahen Kanons von moralischen Geboten und Verboten, die Glaubenspraxis im Wesentlichen auf persönliche Frömmigkeit, Kirchgang und caritatives Helfen beschränkt. Diese Sicht prägt überwiegend die kirchliche Verkündigung und entspricht den gesellschaftlichen Erwartungen. Man hat nicht nur in der kommunistischen Zeit alles getan, um Glaube und Kirche auf den privaten Bereich zu beschränken. Auf Grund langer geschichtlicher Erfahrungen ist man innerhalb und außerhalb der Kirchen tief skeptisch bis schroff ablehnend gegenüber einem stärkeren politischen Einfluss der Kirchen. Mitarbeit an einer menschenwürdigen Gesellschaftsgestaltung unter modernen offen-pluralistischen Bedingungen als wesentliche und aktuelle Dimension gelebten christlichen Glaubens wird kaum artikuliert, erst recht sind tragfähige Konzepte und realistische Vorgangsweisen zu deren Implementierung Mangelware.

Zur auffällig unterschiedlichen Entwicklung der religiösen Vitalität in den postkommunistischen Gesellschaften Mitteleuropas seit der Wende – überwiegend stabile kirchliche Vitalität in Polen, zunehmende kirchliche Vitalität in der Slowakei und in Kroatien, marginale, seit der Wende abnehmende Kirchlichkeit in Tschechien, Ostdeutschland und Estland – möchte ich eine Hypothese formulieren: Für die Lebensbedeutung und damit für die Vitalität des christlichen Glaubens dürfte die Inkulturation entscheidend sein. Ist nicht die anhaltende bzw. sogar zunehmende kirchliche Vitalität auf jene Länder beschränkt, in denen eine nationale Inkulturation des katholischen Glaubens erfolgte? Ich sehe diese nationale Verwurzelung als wertvoll, solange sie nicht nationalistisch verengt und ideologisch übersteigert wird. Bedenkenswert ist allerdings, dass diese Inkulturationen überwiegend in vormodern-ländlicher Prägung erfolgten. Damit diese Inkulturationen nicht im Zuge der Modernisierung, Industrialisierung, Verstädterung und Globalisierung an Kraft und Relevanz verlieren, müsste die noch gegebene Vitalität genützt werden, um eine Inkulturation der christlichen Inspiration in die modernen, industriellen und postindustriellen, städtischen Lebenswelten kreativ und kraftvoll voranzubringen.

Aus meinen Erfahrungen in den 15 Jahren des Pendelns zwischen „West" und „Ost" drängen sich folgende Ausblicke und Anstöße auf: Die geistigen, gesellschaftlichen und kirchlichen Verschiedenheiten zwischen den so lange getrennten und jetzt wieder zusammenwachsenden Teilen Mitteleuropas werden noch einige Zeit bleiben. Bei den zentralen Herausforderungen aber haben wir diesseits und jenseits der ehemaligen Trennlinie mit den gleichen Problemen zu ringen: In den schwierigen Verhältnissen z. B. Böhmens zeigen sich ungeschönt und ungeschützt von traditionellen Fassaden, wie durch ein Vergrößerungsglas, gesellschaftsethisch wie kirchlich Tendenzen, Defizite und ungelöste Probleme, die auch bei uns höchst beachtenswert wären, allerdings, weil noch verdeckt und vernebelt, eher übersehen oder verdrängt werden. Wir sind damit direkt beim Kern des gestellten Themas: Wie steht es in den Gesellschaften Mitteleuropas, in ganz Europa, um die geistigen Wurzeln und Perspektiven, wie steht es um die Kraft und die Früchte des Glaubens, um die Beziehung zum lebendigen Gott, wie steht es um die Dienlichkeit der Kirche für die Menschen, ihre Gottesbeziehung und Lebensbewährung, um die Glaubwürdigkeit und Vitalität der Kirche und damit um ihre Relevanz?[13]

## 3. Sozialethische Herausforderungen im zusammenwachsenden Europa im Kontext der „Globalisierung"[14]

Die jetzt mögliche Einigung und Neugestaltung Europas muss unter schwierigen Rahmenbedingungen realisiert werden. Global sind dramatische Umbrüche in

---

[13] K. Koch, An den Rand gedrängt oder Salz der Erde?, in: A. Křišťan, H. Renöckl (Hg.), Kirche und Gesellschaft. Internationales Symposium 24.–26. April 1998 an der Südböhmischen Universität Budweis, Budweis-Würzburg 1999, bes. 33–35. Mit Blickrichtung auf die katholische Kirche in Deutschland: K. Gabriel, Christentum zwischen Tradition und Postmoderne, Freiburg 1992, 121–192.

[14] H. Renöckl, Sozialethik und Europa-Integration, in: S. Baloban, A. Rauscher (Hg.), Herausforderung Europa. Die Christen im Spannungsfeld von nationaler Identität, demokratischer Gesellschaft und politischer Kultur, München 2004, 99–107. Vgl. auch S. Baloban (Hg.), Wirtschaftlich-soziale Herausforderungen in den Reformländern, Zagreb 2001. Die umfangreiche Literatur zur „Globalisierung" kann hier nicht angeführt werden. Ich verweise paradigmatisch auf J. Wiemeyer, Europäische Union und weltwirtschaftliche Gerechtigkeit. Die Perspektive der Christlichen Sozialethik, Münster 1998, weil hier explizit die Fragen der Europa-Integration mit der Nord-Süd-Problematik verknüpft werden. Authentische Perspektiven von Nobelpreisträgern: A. Sen, Ökonomie für den Menschen. Wege zu Gerechtigkeit und Solidarität in der Marktwirtschaft, München 2000 (Development as Freedom, New York 1999). J. Stiglitz, Die Schatten der Globalisierung, Berlin 2002 (Globalization and its Discontents, New York 2002).

Gang, aus denen man sich nicht einfach auskoppeln kann. Das Schlagwort „Globalisierung" benennt entscheidende Vorgänge unserer Zeit: Vergleichbar mit der „Industriellen Revolution" im 19. Jahrhundert vollzieht sich derzeit eine zweite technisch-ökonomische, aber auch kulturelle, religiöse und ethische „Revolution", ausgelöst vor allem durch den Einsatz der Leittechnologien Elektronische Informationstechnik, Telekommunikation und Life-Science. Wiederum werden dadurch die vertrauten Wirtschafts- und Gesellschaftsstrukturen, aber auch Bewusstsein und Handlungsmuster massiv und irreversibel verändert. Wesentliche Forschungs- und Wirtschaftsprozesse sind global geworden. Die elektronische Telekommunikation, die schnelle weltweite Mobilität von Informationen, Waren, Dienstleistungen und Kapital ermöglichen und die gigantischen Entwicklungs-Aufwendungen und Anlagekosten verlangen großräumige Vernetzung und transnationale Märkte. Ökonomisch und politisch werden dadurch die Karten weltweit neu gemischt. Chancen, Lasten, Entscheidungszentren, Arbeitsplätze werden weltweit neu verteilt. Gewaltige „Völkerwanderungen", freiwillige Mobilität und unfreiwillige Migration, begleiten diese Prozesse. Wie im 19. Jahrhundert wird man solche Umwälzungen nicht insgesamt aufhalten können. Aber man wird sie umso eher einigermaßen human gestalten und eine Reihe von Schäden vermeiden oder wenigstens mildern können, je eher man diese Vorgänge aktiv und zutreffend erfasst und kompetent gestaltend darauf reagiert. Wenn man davor die Augen verschließt oder nur defensiv abzublocken versucht, dann gehen Gestaltungschancen verloren und es kommt im Zuge dieser Umwälzungen zu Entsolidarisierung und sozialer Brutalisierung.

Eine starke „Globalisierung" vollzieht sich nicht nur technisch-ökonomisch, sondern auch im Bewusstsein und kulturell: Vor allem über die elektronischen Medien sickern Informationen, Bilder, Lebensmuster, religiöse Vorstellungen und Haltungen aus aller Welt vom

Kleinkindalter an in unser Bewusstsein, verändern Sichtweisen und Verhaltensmuster. Es gibt äußerlich wie innerlich keine „geschlossenen Welten" mehr. Die neue Lage bringt auch eine „ethische Globalisierung" mit sich: Aus der globalen ökonomischen Vernetzung folgt eine globale soziale Verantwortlichkeit in neuer Qualität. Aber „ethische Globalisierung" bedeutet noch wesentlich mehr: Elektronische Informationstechnik, Telekommunikation, Bio- und Gentechnik, globalisierte Wirtschaft sind Spitzenleistungen des neuzeitlichen Naturbeherrschungs- und Weltgestaltungsprogramms. Damit wurden in letzter Zeit Schallmauern durchstoßen; weltbewegende Kräfte bis hin zu Lebenssteuerungen, Erbgut, Luft, Meere und Klima kamen in menschliche, in industrielle Verfügung. Viele Menschen empfinden diese „Entgrenzung" nicht mehr ungebrochen als wachsende Freiheit, sondern erleben sich oft als Getriebene, als fremdbestimmt. Es wachsen die Abstände zwischen Arm und Reich, zwischen „einflussreich" und „ohnmächtig".

Zunehmend werden die zwei Gesichter der wissenschaftlichen, technischen und wirtschaftlichen Effizienz bewusst: Erfreulichen Verbesserungen und neuen Möglichkeiten stehen hohe Aufwände, Risiken und Schäden gegenüber. Die „Natur" ist nicht mehr wie bisher stabiler, unantastbarer und sich selbst regulierender Rahmen unseres Lebens und Handelns. Die Verantwortlichkeit für die ökosystemische Balancierung, für eine nachhaltig zukunftsfähige Lebenskultur liegt auf menschlichen Schultern. Werden wir das rechtzeitig begreifen und werden wir persönlich und gesellschaftlich rechtzeitig das Notwendige tun? Haben wir dafür ausreichend Wissen, fundierte Hoffnung und moralische Kraft?[15] In diesen Fragen und Sorgen wird spür-

---

[15] Zu den sozialethischen Herausforderungen der Ökologie vgl. K. Golser, Verantwortlich für das Haus des Lebens. Zum zehnjährigen Erscheinen der Enzyklika „Evangelium vitae", Brixen 2005, 17–68. H.-J. Höhn, Ökologische Sozialethik.

bar: Die Visionen und Programme der Neuzeit verlieren an Plausibilität, an Mobilisierungs- und Orientierungskraft; der gesellschaftliche Grundkonsens nimmt ab. Man tastet und tappt herum „im Nebel" des Übergangs zu einer noch undeutlichen „Nachneuzeit", man sucht nach verlässlichen Wurzeln, nach neuen Orientierungen.

Überall drängen und drücken ökonomische Zwänge, durch die globale technisch-ökonomische Revolution entfesselte Kräfte. Es stimmt: Ohne entsprechende wirtschaftliche Grundlagen gibt es kein gutes Leben. Die Zukunftsfähigkeit Europas und seiner Lebensformen braucht konkurrenzfähiges wissenschaftlich-technisch-ökonomisches Wissen und Können, aber ebenso Sinn- und Orientierungswissen, „Weisheit", auf gleichem Niveau. Bei der Gesellschaftsgestaltung geht es nicht nur um Eigengesetzlichkeiten und apersonale Kalkulationen. Glaubwürdige Antworten sind neuerdings auf grundsätzliche Fragen notwendig: Was ist, was bedeutet in der aktuellen europäischen und globalen Lage persönlich, gesellschaftlich, politisch, ökonomisch „Freiheit"? Freiheitlich-pluralistische Demokratien mit Wettbewerbsmarkt-Wirtschaften bauen auf weitgehende Entscheidungs- und Gestaltungsmöglichkeiten für einzelne Menschen, dezentrale Institutionen, Wirtschafts-Unternehmen und freie Vereinigungen sowie deren Verantwortungsbereitschaft. Offene demokratische Gesellschaften und Wettbewerbs-Märkte sind gesellschaftliche Organisationsformen bzw. Verfahren zur Erreichung von Zielen und zur Lösung von Problemen. Welche Ziele, Werte, Problemlösungen als menschenwürdig anstrebenswert, welche Prioritäten und Proportionen dabei einzuhalten sind, ergibt sich aber nicht automatisch, sondern ist menschliche, religiöse,

---

Grundlagen und Perspektiven, Paderborn 2001. F. J. Radermacher, Balance oder Zerstörung. Ökosoziale Marktwirtschaft als Schlüssel zu einer weltweiten nachhaltigen Entwicklung, Wien 2002.

kulturelle, politische Klärungs-, Bildungs- und Steuerungsaufgabe. „Effizienz" ist kein freischwebender Selbstzweck, sondern untrennbar auf sinnvolle und verantwortbare Ziele und Werte bezogen und daran zu messen. Ohne menschenwürdige Ziele, Werte und Ordnungen für das instrumentelle Wissen und Können wird Effizienz ziel- und sinnlos und damit unverantwortlich.[16]

Die stärksten Infragestellungen von Effizienz und Leistung, von Freiheit, Sinn und menschlicher Würde sind die Grenz- und Ohnmachts-Erfahrungen im Alltag, bei Schicksalsschlägen, in Armut und Marginalisierung, im unausweichlichen Altern und Sterben. Vieles in unseren spätneuzeitlichen Zivilisationen ist unschwer als Kompensieren, Verdrängen und Überspielen der Endlichkeit, als Illusion von grenzenloser Leistungsfähigkeit („Full Power and Wellness for ever", „Anti-Aging") zu durchschauen. Verdrängen oder Kompensieren der Zerbrechlichkeit und Begrenztheit führt nicht zur Freiheit. Ohne Integration der unvermeidlichen Grenzen, Schwächen und Leiden, der menschlichen Endlichkeit insgesamt, in die persönlichen und öffentlichen Lebensmuster gelingt keine menschenwürdige Lebenskultur.

In der Diskussion über europäische Werte und Ziele gibt es säkularistische Tendenzen, ein geringschätziges Beiseiteschieben der christlichen Beiträge zur kulturellen Identität Europas.[17] Kann unser persönliches und

---

[16] Ausführlicher: H. Renöckl, Ethische Fundamente und Orientierungen für die Wirtschaft, in: H. Hofinger, A. Karner, C. Steindl (Hg.), Genossenschaften und Bürgergesellschaften. Perspektiven für eine moderne Kommunikation der Genossenschaftsidee, Wien 2005, 159–183. Ders., Umfassende Regionalentwicklung wesentlich für die Zukunft Europas. Sozialethische Wegzeichen, in: R. Priewasser (Hg.), Dimensionen der Umweltwirtschaft. Festschrift A. H. Malinsky, Linz 2005, 329–344.

[17] A. Rauscher, Die Maxime „Religion ist Privatsache", in: A. Rauscher (Hg.), Die Bedeutung der Religion für die Gesell-

gesellschaftliches Leben unter Aussparung der tiefsten Fragen nach unserer transzendenten Herkunft und Zukunft gelingen? Die Gefahr, dass ohne Transzendenzbezug entweder einzelne Teilwerte, wie beispielsweise Macht und Geltung, Geld, Leistung, Konsum, Jugend, sexuelle Aktivität, u.a. mit fatalen Folgen maßlos überbewertet oder überhaupt verabsolutiert werden, dass ohne Transzendenzbezug Desorientierung, Resignation und Zynismus zunehmen, liegt auf der Hand. Die großen religiösen Traditionen der Menschheit sind in ihren Antworten auf die letzten Fragen, in ihren Vorstellungen über die transzendente Herkunft und Zukunft von Mensch und Welt nicht gleich. Transzendenz kann die Realität der Welt und konkreter Menschen relativieren und entwerten oder deren Bedeutung durch Erweiterung der Perspektive über die irdische Phase hinaus eminent aufwerten. Die biblisch-christliche Sicht mutet uns im Unterschied bspw. zu bestimmten fernöstlichen oder esoterischen Transzendenz-Vorstellungen die Wertschätzung des Lebens, der Welt und jedes Menschen, sowie die schwierigen Wege der persönlichen und gesellschaftlichen Lebensgestaltung zu und gibt fundierte Hoffnung über den Tod hinaus.

Viele Macher in unserer einseitigen Leistungs- und Konsumgesellschaft halten derartige Überlegungen für überflüssig. Viele Menschen lassen sich von den angebotenen Konsum- und Medienwellen ziemlich gedankenlos treiben und zerstreuen. Aber wird das Leben nicht unsäglich flach und banal bzw. eiskalt und brutal, wenn übersehen wird, dass spezifisch Menschliches, wie Sprachfähigkeit, Denkfähigkeit, Liebesfähigkeit, aus und in zuvorkommender Zuwendung und wohlwollender Beziehung wächst, dass Wichtiges im Leben nicht machbar, nicht erzwingbar, nicht kalkulierbar, nicht kaufbar ist, dass Freiheit untrennbar mit Verantwortung verbunden ist, weil unser tiefster Ursprung und

---

schaft. Erfahrungen und Probleme in Deutschland und den USA, Berlin 2004, 89–107.

unser endgültiges Heil in der zuvorkommenden Zuwendung Gottes gründen? In sozialethischer Perspektive brauchen wir für ein zukunftsfähiges Europa neue Synthesen. Weder die einseitige Leistungs- und Konsumorientierung noch die in alternativen und auch in kirchlichen Kreisen verbreitete naiv-romantische Polemik gegen technisch-ökonomische Effizienz führen uns voran. Wir brauchen heute und morgen nicht weniger, sondern mehr konkurrenzfähiges technisch-ökonomisches Wissen und Können. Es muss uns allerdings wesentlich besser als bisher gelingen, dieses Wissen und Können auf menschenwürdige Ziele und Stile hin auszurichten. Das ist der Unterschied von Wissen und der in der biblischen und in vielen kulturellen Traditionen hervorgehobenen „Weisheit": die bewusste Aufmerksamkeit für das unverkürzte Ganze des menschlichen Lebens und für das Gemeinwohl, um die für ein Gelingen des menschlichen Lebens wesentlichen Dimensionen und Faktoren, Prioritäten, Proportionen und Zusammenhänge besser verstehen und in der Praxis beachten zu können.

Für die Zukunft Europas sind die christliche Inspiration und sozialethische Orientierungen offensichtlich unverzichtbar.[18] Tatsächlich bewähren sich nach wie vor Christen und Kirchen im sozial-caritativen Dienst, in gelebter Mitmenschlichkeit und werden in dieser Funktion allgemein anerkannt. Gott und den in dieser

---

[18] Die katholische Sozialethik braucht sowohl eine gründliche Relecture ihrer großen Tradition, als auch interdisziplinär erarbeitete Beiträge zu den neuen Herausforderungen. Eine profunde Einführung in die Grundlagen: A. Anzenbacher, Christliche Sozialethik. Einführung und Prinzipien, Paderborn 1998 (wir konnten von diesem wichtigen Basiswerk 2004 auch eine tschechische Ausgabe realisieren); ein neues Kompendium: M. Heimbach-Steins (Hg.), Christliche Sozialethik. Ein Lehrbuch. Bd. 1 Grundlagen, Regensburg 2004, Bd. 2 Konkretionen, Regensburg 2005. Vgl. A. Rauscher, Kirche in der Welt. Beiträge zur christlichen Gesellschaftsverantwortung, Bd. 3, Würzburg 1998, bes. 139–222.

Weise tätigen Christen sei Dank. In der Gesellschaftsgestaltung haben Christen und christliche Kirchen leider deutlich an Kraft und Terrain verloren. Bloßes
Wiederholen der bekannten Formeln, die traditionelle
Form der Lehrverkündigung von oben, hat nur noch
geringe Resonanz. Fordernde Imperative, gut gemeinte
Appelle wurden im 20. Jahrhundert politisch wie religi-
ös inflationär verbraucht und greifen nicht mehr. Im
Feld der Gesellschaft, Kultur, Politik, Wirtschaft, auch
gegenüber Not und Elend genügt es nicht, es gut zu
meinen. Der Wiener Satiriker Karl Kraus hat einst spitz
formuliert: „Gut gemeint ist das Gegenteil von gut!" Es
reicht nicht, zu appellieren, zu fordern, man muss die
relevanten Kräfte und Zusammenhänge – interdisziplinär – richtig erfassen, wenn man kompetent mitgestalten, wenn man optimal helfen will.[19]

Ein kurzer Rückblick auf schon gemachte Erfahrungen kann uns Wichtiges zeigen: Die schweren sozialen
Verwerfungen im Verlauf der 1. „Industriellen Revolution" im 19. Jahrhundert verursachten enormes Unrecht
und Elend. Von kirchlicher Seite wollte man dem zu
lange allein mit sozial-caritativem Einsatz begegnen.
Vorbereitet durch die Anstrengungen der katholisch-
sozialen Bewegungen erkannte man spät, aber immer-
hin, die strukturelle Dimension dieser gesellschaftlichen
Umbrüche; die „Katholische Soziallehre" entwickelte
ihre klassischen Prinzipien und ihr Implementierungs-
Konzept der Gesinnungs- und Struktur-Erneuerung.
Nach der Katastrophe des totalitären Nationalsozialismus und des Weltkriegs haben sich Christen in
Deutschland und Österreich aktiv mit dem Gestal-

---

[19] Im Zuge der Vorbereitung des Mitteleuropäischen Katholi-
kentags 21.–23.5.2004 fand deshalb 28.–30.1.2004 im Bil-
dungshaus Schloss Puchberg bei Wels ein gut besuchtes
Symposium „Gesellschaft und Kirche im Umbruch – kirchliche Mitwirkung am Zukunftsprojekt Europa" statt, das
unsere Mitteleuropa-Sozialethik-Vereinigung inhaltlich mit-
gestaltet und mitgetragen hat.

tungsmodell „Soziale Marktwirtschaft" am gesellschaftlichen Neuaufbau beteiligt. Zusätzlich zu den Instrumenten des demokratischen Rechtsstaates schuf man mit diesem gesellschaftlichen Ordnungsmodell eine konstruktive Alternative zur NS-Diktatur: Die „Soziale Marktwirtschaft" ermöglicht konkret die Beteiligung aller Bürger und gesellschaftlichen Gruppen an der Gestaltung der Wirtschaft und Gesellschaft und ist ein wirksames Verfahren für eine möglichst faire Verteilung der Chancen, Lasten und Erträge. Und weil die Menschen dies spürten, weil die knappen Ressourcen nicht grob unfair verteilt, nicht in Machtkämpfen gegeneinander vergeudet wurden, deshalb arbeiteten alle mit innerer Identifikation, mit Hirn, Herz und Hand, deshalb erzielte man sachlich wie menschlich eindrucksvolle Erfolge.

Diese Errungenschaften, die „Soziale Marktwirtschaft" und der Einsatz aller für plausible gemeinsame Ziele, stehen durch die Europa-Integration und die globale Vernetzung vor neuen Bewährungsproben: Ökosoziale Ordnungspolitik ist keinesfalls als überholt beiseite zu schieben, sondern im eigenen kommunalen, regionalen und staatlichen Bereich für die veränderten Gegebenheiten zu adaptieren und auf europäischer Ebene voranzutreiben. Weil sich wesentliche ökonomische, wissenschaftliche und technische Entwicklungen mit entsprechenden sozialen und ökologischen Auswirkungen zunehmend transnational vollziehen, wären wirksame Institutionen und Regelsysteme zur Sicherung sozialer, kultureller und ökologischer Standards auch auf Weltebene notwendig. Das wird sich aber nur schrittweise in harten Interessenkämpfen durchsetzen lassen und ist daher nicht schon in naher Zukunft zu erwarten. Die Europäische Union ist mit 450 Millionen Menschen und gewaltigen ökonomischen Kapazitäten potent genug, im eigenen Bereich entsprechende soziale und ökologische Standards zu entwickeln und in der globalen Konkurrenz zu behaupten. Es spricht alles dafür, dass wir europäische Modelle für Gesellschaft und Wirtschaft erhalten bzw. entwickeln, in Kontrast zu und im Wettbewerb mit US-amerikanischen und asiatischen Modellen! Eine Bündelung der Fähigkeiten und Kräfte der Menschen und Völker in Europa ist eine echte Zukunftschance! Dafür muss es aber rechtzeitig gelingen, die kurzsichtigen Verstrickungen in Partikulärinteressen zu überwinden und aus den in den Staaten Europas noch sehr verschiedenen Traditionen, Mentalitäten, Strukturen und Vorgangsweisen unter Wahrung der Subsidiarität einen tragfähigen gemeinsamen Nenner zu formen.

## 4. Wie steht es mit der kirchlichen Erneuerung?

Beim gestellten Thema ist der Aspekt „kirchliche Erneuerung" ausdrücklich angesprochen. Die fachliche Kompetenz dafür liegt bei den Fundamental- und Pastoraltheologen.[20] Aus sozialethischer Perspektive ist anzumerken: Die kirchliche Dimension einer geistigen

---

[20] Eine Rückschau bieten und einen Ausblick versuchen A. Máté-Tóth, P. Mikluščák, Nicht wie Milch und Honig (s. Literaturhinweise). J. Wanke (Hg.), Wiedervereinigte Seelsorge. Die Herausforderung der katholischen Kirche in Deutschland, Leipzig 2000. Ders., Neue Herausforderungen – Bleibende Aufgaben. Pastorale Akzente in postsozialistischer Zeit, Leipzig 1995. Eine anregende spirituelle Perspektive: Sozialwerk der Ackermann-Gemeinde e.V. (Hg.), Patrone Europas. Vision und Auftrag der Kirche im dritten Jahrtausend, München-Prag 2004. Vgl. dazu auch: H. Krätzl, Im Sprung gehemmt. Was mir nach dem Konzil noch alles fehlt, Mödling 1998. J. Juhant, Globalisierung, Kirche und postmoderner Mensch, Münster 2005. P. Slouk, Plädoyer für eine unaufdringliche Zeugenschaft. Überlegungen zur (Neu)Evangelisierung, in: PThI 2 (2003), 137–143. Ich wiederhole den Hinweis: Die schwierige pastorale Situation in den postkommunistischen Ländern, vor allem in den schwierigsten Zonen wie Böhmen und Ostdeutschland, zeigt unverschleiert und wie unter dem Vergrößerungsglas Tendenzen und Herausforderungen, die auch in den scheinbar noch besseren Lagen im „Westen" beachtenswert wären.

Erneuerung ist ganz wesentlich und in der gegebenen Lage höchst dringlich. Christlicher Glaube ist Leben aus und in Beziehung, vertikal und horizontal. Niemand kann ohne erfahrbare Glaubensgemeinschaft gut christlich leben. Die Hoffnungs- und Orientierungsarmut in der aktuellen Spätphase der Neuzeit angesichts der Erschöpfung des prometheisch-eigenmächtigen Fortschritts-Paradigmas wurde oben angesprochen. Die Gleichzeitigkeit mehrerer gewaltiger Umbrüche – Europa-Integration, Globalisierung, Paradigmenwechsel Neuzeit-Nachneuzeit, in den postkommunistischen Ländern zusätzlich die Mühen der äußeren und inneren Transformation – wird von vielen Menschen als schwere Überforderung empfunden, was Regressionen und Anfälligkeiten für persönliche und politische Kurzschlüsse auslösen kann. Notwendig und hilfreich sind in solchen Lagen stützende und ermutigende Weggemeinschaften.

Wir brauchen also in unserer geschichtlich-gesellschaftlichen Situation mit ihren Umbrüchen und Weichenstellungen besonders dringend Trägergemeinschaften fundierter Hoffnung und darauf gegründeter menschenwürdiger Praxis. In einer über die christlichen Kirchen noch hinausreichenden Ökumene der Humanität im offenen, pluralistischen „Neuen Europa" ist von vitalen christlichen Gemeinschaften Großes und kaum Ersetzbares zu erwarten, wenn dort die biblischen Erinnerungen und Verheißungen glaubwürdig gelebt und praktisch erfahrbar werden, wenn aus tiefen Wurzeln schöpfend nachhaltig an der Kultivierung des Lebens und der Gesellschaft mitgearbeitet wird, wenn die vielfach überforderten und desorientierten Menschen immer wieder gestützt, ermutigt und orientiert werden ...

Erinnern wir uns: An den Anfängen des Friedensprojekts der europäischen Einigung nach dem Krieg standen Politiker mit klarer christlich-humaner Motivation. Jetzt, bei der Neugestaltung ganz Europas nach dem Ende der Spaltung, nach der Auflösung des totalitären Kommunismus, ist das christliche Engagement gewiss vorhanden, aber doch eher verhalten.[21] Viele fühlen sich in ihren guten Verhältnissen irritiert, von den Umbrüchen überfordert, man neigt zu Rückzügen in heimelige „Nester", es wird viel gejammert und polemisiert. Die Kirchen tun sich mit der veränderten Lage im offenen pluralistischen europäischen Großraum schwer, sowohl die schon länger an demokratische Verhältnisse gewohnten Kirchen, als auch jene, die noch von der Konfrontation mit der kommunistischen Unterdrückung geprägt sind. Um nicht missverstanden zu werden: In den ehemals kommunistischen wie in den „westlichen" Ländern Mitteleuropas leisten viele für geistliche Ämter Geweihte, Ordensleute und Laien im kirchlichen Raum wie im persönlichen und öffentlichen Leben unter oft schwierigen Bedingungen tagtäglich Großes. Offensichtlich blockieren aber anachronistische Strukturen, die für die Herausforderungen der Gegenwart und der Zukunft bei weitem nicht reichen, die kirchliche Vitalität. Viele Menschen moderner und postmoderner Prägung finden trotz des zunehmenden Interesses für Transzendenz keinen Zugang zu diesen Kirchen, nicht wenige verlassen sie. Das ist tragisch angesichts des gigantischen Bedarfs an Inspiration, Hoffnung und Orientierung in den gegenwärtigen Chancen und Krisen. Mit der Marginalisierung von Glaube und Kirche dürfen wir uns nicht abfinden. Die Leer-Räume nach dem Ende der Faszination sowohl durch die marxistischen als auch die westlichen Fortschritts-Ideologien sind höchst gefährlich!

---

[21] Appelle oder gar Vorwürfe werden da kaum etwas bessern, als sehr motivierend erweisen sich aber Begegnungen. Wesentliche Beiträge leistet hier seit Jahren die Katholische Sozialwissenschaftliche Zentralstelle Mönchengladbach mit ihren Europa-Foren und weiteren Tagungen, bei denen Vertreter aus den lange getrennten Teilen Europas zusammenkommen.

Als fachlich nicht zuständig kann man nur den dringenden Wunsch äußern, dass wirklich rasch die überfälligen Reformen angegangen und die Blockaden für die kirchliche Vitalität überwunden werden, damit die Kirchen die unersetzliche christliche Inspiration und ethische Orientierung beim Neubau Europas bestmöglich beitragen können. Die biblische Offenbarung macht uns aufmerksam: Wenn es nach dem Auszug böser Geister aus dem Haus nicht gelingt, in den leeren Räumen einen besseren Geist zu beheimaten, dann etablieren sich üblere Zustände als zuvor (vgl. Lk 11,24–26). Die biblische Warnung an Glaubende und besonders an kirchliche Vorsteher ist scharf: Wer mit der Hand am Pflug nur zurückschaut, auf alte Besitzstände, vertraute Formen und Machtpositionen, statt fruchtbare Furchen nach vorne zu ziehen, entspricht nicht dem nahe gekommenen Gottesreich (vgl. Lk 9,62). Die schon oben angeführte biblische Szene vom „Rudern, Steuern auf einem stürmischen See" ist zugleich desillusionierend und ermutigend: Christlicher Glaube erlaubt nicht das Verweilen in den Häfen von gestern, die Abkapselung in Gettos oder in vermeintlich spirituelle Idyllen. Christlicher Glaube mutet uns zu, dass wir uns auf die stürmischen Umbruchgewässer hinauswagen. Wenn wir alle Fähigkeiten zum Rudern und Steuern einsetzen, dann dürfen wir gewiss sein: Wir sind nicht alleine im Boot, der göttliche Schöpfer und Begleiter ist auch der Herr über die Stürme.

*Literaturhinweise – Hauptquellen:*

GOTT NACH DEM KOMMUNISMUS

Tomka Miklós, Maslauskaite Aušra, Navickas Andrius, Toš Niko, Potocnik Vinko, Religion und Kirchen in Ost(Mittel)Europa: Ungarn, Litauen, Slowenien, Ostfildern 1999.

Tomka Miklós, Zulehner Paul M., Religion in den Reformländern Ost(Mittel)Europas, Ostfildern 1999.

Máté-Tóth András, Mikluščák, Nicht wie Milch und Honig. Unterwegs zu einer Pastoraltheologie Ost(Mittel)Europas, Ostfildern 2000.

Máté-Tóth András, Mikluščák Pavel, Kirche im Aufbruch. Zur pastoralen Entwicklung in Ost(Mittel)Europa – eine qualitative Studie, Ostfildern 2001.

Prudký Libor, Aračić Pero, Nikodem Krunoslav, Šanjek Franjo, Zdaniewicz Witold, Tomka Miklós, Religion und Kirchen in Ost(Mittel)Europa: Tschechien, Kroatien, Polen, Ostfildern 2001.

Máté-Tóth András, Theologie in Ost(Mittel)Europa. Ansätze und Traditionen, Ostfildern 2002.

Gabriel Karl, Pilvousek Josef, Tomka Miklós, Wilke Andrea, Wollbold Andreas, Religion und Kirchen in Ost(Mittel)Europa: Deutschland-Ost, Ostfildern 2003.

Sepp Peter, Geheime Weihen. Die Frauen in der verborgenen tschechoslowakischen Kirche, Koinótes, Ostfildern 2004.

Spieker Manfred (Hg.), Katholische Kirche und Zivilgesellschaft in Osteuropa. Postkommunistische Transformationsprozesse in Polen, Tschechien, der Slowakei und Litauen, Paderborn 2003.

REIHE IN DER ZEITSCHRIFT DIAKONIA

Butašová Monika, Die pastorale Lage in der Slowakei, in: Diakonia (2004–5), 361–368.

Kaplánek Michal, Christentum und Religiosität in Tschechien. Fragmentarische Anfragen und Beobachtungen, in: Diakonia (2004–2), 129–135.

Kvaternik Peter, Kirche und Gesellschaft in Slowenien, in: Diakonia (2004–4), 278–288.

Máté-Tóth András, Katholische Kirche im heutigen Ungarn, in: Diakonia (2004–1), 52–57.

Hans Tietmeyer

# Die europäische Währung
## Sorgen um die Stabilitätskultur?

*I.*

Das Generalthema dieser Tagung lautet: Das Europa der 25. Der im Jahre 1999 eingeführten Endstufe der Europäischen Währungsunion mit der gemeinsamen Währung Euro gehören bisher jedoch erst 12 der 25 Mitgliedstaaten der EU an. Diese Endstufe der Währungsunion steht zwar nach den Regeln des so genannten Maastricht-Vertrages grundsätzlich allen Mitgliedstaaten offen. Nach Artikel 121 des Vertrages ist der Eintritt in die Endstufe der Währungsunion jedoch insbesondere an die vorherige Erfüllung folgender vier Kriterien gebunden:

- die Erreichung eines hohen Grades an Preisstabilität,
- eine auf Dauer tragbare Finanzlage der öffentlichen Hand,
- die Einhaltung der normalen Bandbreiten des Europäischen Wechselkurssystems (EWS) seit mindestens zwei Jahren ohne Abwertung,
- Dauerhaftigkeit der erreichten Konvergenz und der Teilnahme am Wechselkursmechanismus des Europäischen Währungssystems, die im Niveau der langfristigen Zinssätze zum Ausdruck kommt.

Bereits 1992 haben sich allerdings zwei der damaligen EU-Mitgliedstaaten in speziellen Protokollen zum Maastricht-Vertrag einen Sonderstatus ausbedungen. Danach können Großbritannien und Dänemark auch nach voller Erfüllung der Eintrittskriterien selbst entscheiden, ob und wann sie der Endstufe der Währungsunion beitreten wollen oder nicht. Bisher haben sich beide Länder für den Nichtbeitritt entschieden. Ob und

119

wann sich diese Position ändern wird, ist vorerst auch noch nicht absehbar.

Anders als diese beiden Länder hat Schweden diesen Sonderstatus zwar nicht. Insbesondere durch den bisherigen Verzicht auf den nicht-obligatorischen Beitritt zum EWS-Wechselkursmechanismus erfüllt es aber bisher zumindest eines der oben genannten Kriterien nicht und kann somit vorerst auch nicht an der Endstufe der Währungsunion teilnehmen.

An den Beratungen und Entscheidungen der Währungs- und Geldpolitik des Euro-Gebietes nehmen deswegen bisher unmittelbar auch nur die Finanzminister und Notenbankpräsidenten der 12 Währungsunions-Mitgliedstaaten teil. Das gilt insbesondere für die geldpolitischen Entscheidungen der von politischen Weisungen und Einflussnahme unabhängigen Europäischen Zentralbank. Hier liegt die Entscheidungsvollmacht vor allem beim Europäischen Zentralbankrat, der sich bisher aus sechs Direktoriumsmitgliedern sowie den 12 nationalen Zentralbankpräsidenten der an der Währungsunion teilnehmenden Länder zusammensetzt. Nur gelegentlich trifft sich auch der so genannte Erweiterte Zentralbankrat, dem auch die Zentralbankpräsidenten der nicht an der Währungsunion teilnehmenden EU-Länder. Dieser Erweiterte Zentralbankrat ist jedoch für die Geld- und Währungspolitik nur ein Konsultativgremium, nicht jedoch ein Entscheidungsorgan.

## II.

Der Weg hin zur Endstufe der Währungsunion war bekanntlich lang und schwierig zugleich. Schon ein kurzer Rückblick macht dies deutlich.

Der EWG-Vertrag von 1957 sah für die Währungspolitik zunächst nur eine generelle Konsultation und Kooperation vor. Die Entscheidungskompetenz blieb jedoch eindeutig auf der Ebene der damals noch sechs Mitgliedstaaten. Maßgebend für diese Regelung war die Tatsache, dass zu dieser Zeit weltweit das Fix-kurs-System von Bretton-Woods galt und auch weitgehend noch reibungslos funktionierte. Genau dies änderte sich jedoch im Laufe der sechziger Jahre deutlich. Insbesondere die damals immer deutlicher werdende Schwäche der beiden zu dieser Zeit dominierenden Währungen, des US-Dollars und des britischen Pfundes, reflektierte sich zunehmend in einer gleichzeitigen Stärkung der D-Mark. Aufgrund der deutschen Stabilitätspolitik und der wachsenden Stärke der deutschen Wirtschaft stieg der Wechselkurs der D-Mark nachhaltig an und führte bereits 1961 zu einer Aufwertung, die innerhalb der EWG nur vom niederländischen Gulden mitvollzogen werden konnte. Diese Korrektur von 1961 reichte jedoch nicht. Mit dem Abbau der Handels- und Kapitalverkehrsschranken innerhalb der EWG ergaben sich auch zwischen den EWG-Währungen zunehmende Spannungen. Die anhaltende Stärke der D-Mark und auch des Guldens geriet überdies in wachsenden Maße in Konflikt mit der gemeinsamen Agrarpolitik, die weitgehend auf festen Wechselkursen zwischen den Währungen innerhalb der EWG aufbaute. All diese Spannungen führten vor allem im Zusammenhang mit der Diskussion um weitere substanzielle Aufwertungen der D-Mark in den Jahren 1968/69 zu vielfältigen Kontroversen in Deutschland und in der EWG.

Auf der Gipfelkonferenz von Den Haag im Herbst 1969 einigten sich die Staats- und Regierungschefs der damaligen Sechsergemeinschaft erstmals auf das Ziel, die bisherige Gemeinschaft nicht nur auszuweiten, sondern sie auch weiter zu entwickeln zu einer Wirtschafts- und Währungsunion. Die daraufhin eingesetzte Arbeitsgruppe unter Vorsitz des damaligen luxemburgischen Ministerpräsidenten Werner, in der ich auch persönlich intensiv mitarbeiten durfte, erarbeitete nach vielen Diskussionen und auch Kontroversen im Jahre 1970 erstmals einen gemeinsamen Plan für die stufenweise Errichtung einer Europäischen Wirtschafts- und Währungsunion. Grundlage dieses Planes war die parallele Entwicklung einer Wirtschafts- und Währungsunion im Zusammenhang mit dem Aufbau entsprechender politischer Entscheidungsstrukturen.

Genau dieser Aufbau supranationaler Strukturen fand jedoch in den anschließenden Beratungen der Regierungen damals nicht die Zustimmung Frankreichs. Aufgrund dieses französischen Einspruchs kam es 1972 nur zu einer lockeren europäischen Wechselkurskooperation mit festen, aber anpassungsfähigen Kursen. Dieser Wechselkursverbund geriet jedoch infolge der unterschiedlichen nationalen Politiken schon bald in immer größere Schwierigkeiten. Aufgrund einer gemeinsamen Initiative von Bundeskanzler Schmidt und Staatspräsident Giscard d`Estaing wurde der Verbund zwar 1979 weiter entwickelt zu einem Europäischen Währungssystem; infolge der nach wie vor unterschiedlichen nationalen Politiken blieb diese Weiterentwicklung aber zunächst weitgehend erfolglos.

Zu einer positiven Wende kam es erst 1982/83, als sich in Frankreich der neue Finanzminister Delors innerhalb der dortigen Regierung mit seinem Plädoyer für eine Stabilitätspolitik nach deutschem Vorbild durchsetzte. Die damals von Delors zunächst gegen die Regierungsmehrheit durchgesetzte Politik des „Francfort" war letztlich entscheidend dafür, dass die Spannungen an den Märkten im Laufe der achtziger Jahre zunehmend geringer wurden. Hinzu kam auch die neue Allianz in der Europapolitik zwischen Staatspräsident Mitterand und Bundeskanzler Kohl, deren Folge eine immer engere deutsch-französische Kooperation war.

Und als dann in der zweiten Hälfte der achtziger Jahre aus Frankreich auch erste vertrauliche Signale kamen, dass die Bereitschaft für eine institutionelle Entwicklung in Richtung einer Europäischen Zentralbank größer sei als bisher, ergriff der Bundeskanzler 1988 die Initiative für einen Neuanfang in Richtung Währungsunion. Auf seine Initiative hin beschlossen die Staats- und Regierungschefs der damaligen Zwölfergemeinschaft, das Thema Wirtschafts- und Währungsunion erneut durch eine Expertengruppe, diesmal unter Vorsitz des inzwischen zum Kommissionspräsidenten aufgestiegenen Delors, prüfen zu lassen.

Diese Delors-Gruppe, der vor allem auch die Zentralbankpräsidenten der Mitgliedsländer angehörten, legte dann im Frühsommer 1989 ihren Bericht vor. Ähnlich wie die Werner-Gruppe 1970 schlug sie einen Stufenprozess vor, der zu einer Währungsunion mit einheitlicher Währung und einem Europäischen Zentralbank-System führen sollte. Anders als die Werner-Gruppe hielt sie jedoch für den Bereich der Wirtschafts- und Währungspolitik ein gemeinschaftlich überwachtes Regelwerk für die letztlich in nationaler Verantwortung bleibende Wirtschafts- und Fiskalpolitik für ausreichend.

Nach dem Fall der Mauer im Herbst 1989 ergab sich dann eine zeitliche Koinzidenz zwischen der deutschen Wiedervereinigung und den nicht leichten Verhandlungen über die Umsetzung des Delors-Berichtes auf der europäischen Ebene. Entgegen manchen Kommentaren hat es damals jedoch nicht ein einfaches do-ut-des nach dem Muster „deutsche Zustimmung zum Euro als Gegenleistung für die Zustimmung Europas zur Wiedervereinigung" gegeben. Richtig ist aber, dass die beiden Vorgänge die Verhandlungen in beiden Bereichen beschleunigt haben.

Der 1992 in Maastricht unterzeichnete Vertrag war zweifellos ein Kompromiss. Die deutsche Seite konnte dabei vor allem ein unabhängiges Europäisches Zentralbank-System durchsetzen, das weitgehend die Bundesbank-Konstruktion übernahm. Die Verantwortung für die Wirtschafts- und Finanzpolitik blieb jedoch letztlich in nationaler Kompetenz. Und die weitere Klärung der politischen Integration wurde zunächst zurückgestellt. Neben dem allgemeinen Koordinierungsauftrag für die Wirtschaftspolitik wurde für die Fiskalpolitik jedoch ein spezielles Regelwerk mit Finanzierungsverbot für die Zentralbanken sowie einer gemeinschaftlichen Überwachung für die Defizit- und

Schuldenentwicklung festgelegt. Und der dreistufige Vorbereitungsprozess sollte spätestens 1999 mit einem Eintritt der gemäß den Konvergenzkriterien dann qualifizierten Mitglieder beginnen. Dieser Vertragsregelung entsprechend entschied der Europäische Rat dann im Frühjahr 1998, den Beginn der Endstufe der Währungsunion für 1999 mit zunächst 11 Mitgliedern. 2001 wurde dann mit dem Zutritt von Griechenland die Mitgliederzahl auf die heutigen 12 erhöht.

*III.*

In all den langen und oft schwierigen Verhandlungen über nahezu drei Jahrzehnte standen stets zwei Fragen und Themen besonders im Zentrum:

- Wie kann in der Währungsunion Geldwertstabilität auch nachhaltig gesichert werden?
- Und wie muss die Kompetenzverteilung zwischen der nationalen und der supranationalen Ebene gestaltet werden?

Bei der Bewertung der Geldwertstabilität gab es lange Zeit hindurch deutliche Unterschiede zwischen den Ländern. Vor allem die deutsche Seite stufte – zumeist mit weitgehender Unterstützung der Niederlande – sowohl ökonomisch als auch politisch die Bedeutung der Geldwertstabilität sehr hoch ein. Das hatte seine Ursache zunächst vor allem in den speziellen historischen Erfahrungen in Deutschland.

Auf der einen Seite standen die schrecklichen Erfahrungen mit zwei Hyperinflationen in der ersten Hälfte des 20. Jahrhunderts, denen auf der anderen Seite die positiven Erfahrungen mit der D-Mark nach 1948 gegenüberstanden. Die deutsche Öffentlichkeit und Politik hatte die positiven ökonomischen und sozialen Einflüsse und Konsequenzen eines dauerhaft stabilen Geldwertes zweifellos unmittelbarer erfahren als die der meisten anderen Länder. Sie hatte unmittelbar erlebt, dass ein stabiler Geldwert nicht nur eine wichtige

124

Grundlage zur Erfüllung der zentralen Funktionen des Geldes als Recheneinheit, Tauschmittel und Wertaufbewahrungsmittel für die Ökonomie ist. Sie hatte auch die sozialethische Bedeutung des stabilen Geldwertes als Schutz für die Schwächeren deutlicher erkannt, als das in anderen Ländern Europas damals der Fall war. Schon seit Ludwig Erhards Zeiten stand die öffentliche Meinung in Deutschland auch stets auf Seiten der Stabilitätsbefürworter. Und das galt natürlich auch für die Verhandlungen in Europa. Deswegen war die Sicherung der Stabilität der künftigen gemeinsamen Währung für die deutsche Seite stets eine zentrale und nicht verhandelbare Leitlinie für alle Verhandlungen. Angesichts der unterschiedlichen Erfahrungen und Bewertungen in anderen Mitgliedsländern war diese Position auf der europäischen Ebene allerdings oft nur schwer durchsetzbar.

Bei der Verteidigung der nationalen Souveränität lag die Messlatte dagegen lange Zeit besonders hoch in Frankreich. Auch hier spielten historische Erfahrungen eine große Rolle. Nach der Erweiterung der EU wurde die französische Position allerdings zumeist auch besonders nachdrücklich von Großbritannien, Dänemark sowie Spanien unterstützt. Sie alle wollten zwar Mitglied im europäischen Club sein und auch möglichst immer mitbestimmen, zur Aufgabe nationaler Souveränität waren sie jedoch nur sehr begrenzt bereit. In Deutschland war die Bereitschaft dagegen zumindest in den ersten Jahrzehnten deutlich größer. Gewiss, dass mag auch mit der Sondersituation nach dem Krieg zu tun gehabt haben. Jedenfalls war die Unterstützung einer weitergehenden politischen Integration und damit auch die Bereitschaft zur Aufgabe nationaler Souveränitätsrechte lange Zeit bei uns deutlich größer als in den meisten anderen größeren EU-Mitgliedstaaten. Dies hat sich allerdings im Laufe der Zeit offenkundig geändert – nicht zuletzt wohl auch aufgrund von teilweise unguten Erfahrungen mit manchen unnötigen zentralistischen Entscheidungen in Europa.

Im Maastricht-Vertrag ist es im Hinblick auf die Kompetenzverteilung ja auch zu einem nicht ganz unumstrittenen Kompromiss gekommen. Die Geldpolitik wird von der Europäischen Zentralbank supranational entschieden und lediglich national umgesetzt. Die Wirtschafts- und Fiskalpolitik ist dagegen grundsätzlich in nationaler Kompetenz geblieben. Sie wird allerdings gemeinschaftlich im Hinblick auf die für eine Währungsunion notwendige Verträglichkeit überwacht. Das zur Vermeidung übermäßiger öffentlicher Defizite in Art. 104 festgelegte Verfahren zur gemeinschaftlichen Überwachung ist aber nicht nur sehr kompliziert (acht Stufen bis zur Anwendung von Sanktionen); es ist auch wegen der notwendigen Mehrheitsentscheidungen im Rat wenig effizient, wie die zwischenzeitlichen Erfahrungen gezeigt haben. Dabei ist eine hinreichende Fiskaldisziplin aller Mitgliedstaaten gerade in einer supranationalen Währungsunion von besonderer Bedeutung. Denn mit dem Eintritt in die Währungsunion ist für die einzelnen Mitgliedstaaten die bisherige Marktkontrolle und Bestrafung von Fehlverhalten über den landesbezogenen Wechselkurs weggefallen. Deswegen liegt in der nationalen Zuständigkeit für die Fiskalpolitik in einer supranationalen Währungsunion immer ein besonderes Moral-Hazard-Risiko.

*IV.*

Nach dem Abschluss des Maastricht-Vertrages 1992 gab es ja auch gerade in diesem Punkte schon bald eine kritische Diskussion. Schon unmittelbar nach der Vertragsunterzeichnung meldeten sich vor allem in Deutschland hierzu eine Reihe von kritischen Stimmen. Insbesondere nachdem der Zentralbankrat diesen kritischen Punkt in seiner öffentlichen Stellungnahme aufgezeigt hatte, entwickelte sich eine zunehmend kritische öffentliche Diskussion gerade auch zu diesem Punkt.

Diese Diskussion veranlasste den damaligen Bundesfinanzminister Waigel zu einem neuen und ergänzenden Vorstoß. Er schlug 1995 einen den Maastricht-Vertrag in diesem Punkte ergänzenden Stabilitätsvertrag mit weiterreichenden Regelungen und Sanktionen vor, wobei dieser Vertrag eventuell nur für die an der Währungsunion teilnehmenden Mitgliedstaaten gelten sollte. Ein solcher zusätzlicher Vertrag wurde allerdings von den anderen Partnern überwiegend abgelehnt. Nach intensiven und schwierigen Verhandlungen einigten sich die Verhandlungspartner jedoch 1995 in Dublin auf den inzwischen viel zitierten Stabilitäts- und Wachstumspakt. Dieser Pakt ist zwar kein zusätzlicher Vertrag, sondern nur eine feierliche Erklärung mit zwei oft zitierten ergänzenden Richtlinien. Er enthält jedoch einige wichtige Konkretisierungen im Hinblick auf die mittelfristige Zielsetzung sowie das Prüfungs- und Sanktionierungsverfahren. Da ein neuer ratifizierungsbedürftiger Vertrag nicht zustande kam, konnte allerdings die Governance-Struktur nicht mehr geändert werden. Konkret bedeutet das vor allem, dass ein nationales Fehlverhalten letztlich nur dann sanktioniert werden kann, wenn die Mehrheit der anderen Mitgliedstaaten dem zustimmt. Und genau hier liegt der Schwachpunkt, wie die zwischenzeitliche Praxis im Finanzministerrat schon mehrfach gezeigt hat. „Potentielle Eigensünder" tun sich offenkundig schwer, den „aktuellen Sünder" zu verurteilen. Dazu braucht es wohl doch am Ende eine wirklich neutrale Richterinstanz.


*V.*


Die bisherigen Erfahrungen mit Art. 104 und dem Stabilitäts- und Wachstumspakt haben jedenfalls die Schwächen dieser gutgemeinten Regelungen inzwischen recht deutlich gemacht.

Die als Anwalt des Vertrages und des ergänzenden Paktes vorgesehene EU-Kommission hat ihre Aufgabe meines Erachtens bisher nur begrenzt ausgefüllt. Schon bei der Prüfung hinsichtlich der Erfüllung der Eintrittskriterien war sie 1998 und auch 2001 (Griechenland) sehr großzügig. Und bei der Bewertung der Entwicklung der Budgetdefizite der Teilnehmerländer hat sie in den Jahren 1999 bis 2002 nicht genügend kritisch die schon damals problematische Eskalation der sog. strukturellen Defizite in einer Reihe von Ländern erkannt und angeprangert.

Sie stand und steht ganz offensichtlich zu sehr unter dem Einfluss der nationalen Regierungen und Interessen. Und der Ministerrat hat sich bisher bei der Anwendung nicht nur als zögerlich erwiesen. Unter dem Druck der betroffenen großen Länder (insbesondere Deutschland und Frankreich) hat er offensichtlich schon mehrfach auch gegen den Geist und die eigentliche Zielsetzung des Vertrages und des Paktes verstoßen. Von einer Einhaltung der notwendigen Fiskaldisziplin in der Wirtschafts- und Währungsunion kann jedenfalls schon seit mehreren Jahren leider nicht mehr gesprochen werden.

Hintergrund dieser politischen Fehlentwicklung war und ist leider auch eine oft nicht unproblematische Diskussion in bestimmten Ökonomenzirkeln. Insbesondere im angelsächsischen Raum waren und sind nicht selten Stimmen zu hören, welche die Regeln des Vertrages und des Stabilitäts- und Wachstumspaktes für zu rigide und zu einseitig halten. Dabei wird dann oft auch auf die angeblich positiven Erfahrungen der USA mit einer flexibleren Fiskalpolitik verwiesen. Diese Kritik verkennt jedoch zumeist die großen Unterschiede im Vergleich zu Europa, angefangen von der in den USA größeren wirtschaftlichen Flexibilität, den andersartigen Sozialsystemen und den geringeren demographischen Problemen.

Darüber hinaus verkennen viele Kritiker auch die besondere Situation in einer mehrere Länder umfassenden Währungsunion. Die einst von Bob Mundell entwickelten Kriterien für einen mehrere Länder umfassenden optimalen Währungsraum basierten vor allem auf einer hinreichenden Mobilität und Flexibilität des Faktors Arbeit. Eine solche Mobilität und Flexibilität dürfte es auf absehbare Zeit in Europa mit seinen unterschiedlichen Sprachen und Traditionen kaum geben, wenn überhaupt. Gerade auch angesichts des im Vergleich zu den USA deutlich höheren Staatsanteils am Sozialprodukt ist in den europäischen Staaten ein höheres Maß an gemeinsamer Fiskaldisziplin für den Zusammenhalt der Währungsunion unausweichlich. Dies gilt um so mehr, als die Unionsebene selbst im Vergleich zu den Mitgliedstaaten mit rd. 1% über einen relativ geringen Staatsanteil verfügt und zu einem solidarischen Ausgleich kaum selbst in der Lage ist, von der unterschiedlichen Zugehörigkeit zur Union generell und zur Währungsunion speziell ganz abgesehen.

## VI.

Die von den Staats- und Regierungschefs vor wenigen Wochen beschlossenen Änderungen und Ergänzungen des Stabilitäts- und Wachstumspaktes haben zu Recht eine besondere Aufmerksamkeit gefunden. Positiv ist zunächst, dass zumindest eine Änderung des Vertrages selbst nicht vorgesehen ist. Art. 104 bleibt unverändert. Die März-Beschlüsse der Staats- und Regierungschefs zielen aber ganz offenkundig auf eine Lockerung bzw. Durchlöcherung vieler Regelungen des Stabilitäts- und Wachstumspaktes. Die Liste der vorgesehenen Änderungen bzw. Neuinterpretationen umfasst insgesamt fast 19 Seiten. Diese Grundsatzbeschlüsse müssen jetzt von der Kommission und dem Ministerrat noch in konkrete und verbindliche Rechtstexte umgesetzt werden.

Die Europäische Zentralbank hat in ihrer Stellungnahme zu diesen Beschlüssen bereits ihre „ernste Besorgnis" angemeldet. Auch in den bisherigen Reaktionen der deutschen Presse dominiert die Sorge um die weitere Stabilitätsorientierung, von vielen deutlich kritischen Stellungnahmen aus der ökonomischen Fachwissenschaft ganz zu schweigen. Interessant ist auch, dass zuletzt sogar in der angelsächsischen Presse eine Reihe von kritischen Stimmen zu lesen waren.

Dennoch: die breite Öffentlichkeit hat bisher auf diese Korrekturbeschlüsse eher zurückhaltend reagiert. Wohl ist oft Unbehagen zu spüren; von einem allgemeinen Aufbegehren ist bisher jedoch wenig zu spüren. Das hat gewiss auch damit zu tun, dass die Details der Beschlüsse sowie ihre Bedeutung den meisten Menschen kaum verständlich sind. Zudem verbreitet sich aber immer deutlicher auch die Meinung, dass die Vorgänge auf europäischer Ebene sich ohnehin immer stärker der Einflussnahme von der nationalen Ebene entziehen.

Die zurückhaltende Reaktion im eigenen Lande hat sicher auch damit zu tun, dass es – entgegen allen Erwartungen – ja auch gerade Deutschland selbst war, das zusammen mit anderen Ländern bisher besonders deutlich und nachhaltig gegen das Regelwerk des Stabilitäts- und Wachstumspaktes verstoßen hat und offenkundig auch noch weiter verstößt. Verständlicherweise hat diese besonders fatale Entwicklung ja in anderen europäischen Ländern gelegentlich sogar „Schadenfreude" ausgelöst.

Diese zurückhaltende Position großer Teile der deutschen Öffentlichkeit und der deutschen Politik ist dabei umso auffälliger, als das Postulat der nachhaltigen Stabilitätsorientierung gerade im Vorfeld der Europäischen Währungsunion in Deutschland so sehr betont wurde. So haben Bundestag und Bundesrat im Zusammenhang mit der Ratifizierung des Maastricht-Vertrages in ihren Entschließungen von 1992 die große Bedeutung einer dauerhaften Stabilitätsorientierung besonders hervorgehoben. Und in den Leitsätzen zum Urteil des Bundesverfassungsgerichtes von 1993 wird gar eigens hervorgehoben, dass die Wirtschafts- und Währungsunion im Vertrag als Stabilitätsgemeinschaft festgelegt sei und dass bei einem diesbezüglichen Scheitern als ultima ratio für die deutsche Seite sogar die Lösung aus dieser Union möglich sei.

*VII.*

Diese Divergenzen und Unsicherheiten in der öffentlichen Bewertung der Vorgänge um den Stabilitäts- und Wachstumspakt sollten jedoch nicht zu einer nachhaltigen Fehleinschätzung der damit verbundenen längerfristigen Stabilitätsrisiken führen. So nützlich es ist, dass die Devisenmärkte bisher nur begrenzt mit einer Minderbewertung des Euro reagiert haben: Diese begrenzte Marktreaktion reflektiert jedoch weniger eine positive Bewertung des europäischen Währungsraumes als vor allem die in den letzten Jahren im Dollar-Raum selbst aufgebauten binnen- und aussenwirtschaftlichen Ungleichgewichte. Sollten die USA in der nächsten Zeit eine überzeugende Korrekturpolitik einleiten, kann sich dies rasch auch in einer deutlichen Veränderung des Wechselkurses zum Euro niederschlagen.

Die nunmehr in großen Teilen des Euro-Raumes schon seit Jahren anhaltende Wachstumsschwäche und die hohe Arbeitslosigkeit haben ihre Ursachen vor allem in strukturpolitischen Fehlentwicklungen in den großen kontinentaleuropäischen Ländern. Das gilt leider auch für Deutschland. Diese Fehlentwicklungen zeigen sich in den öffentlichen Finanzen auch in Form von übermäßigen Defiziten und immer stärker zunehmenden Schulden. Sie können nur korrigiert werden durch überzeugende strukturpolitische Reformen in den verschiedenen Bereichen, nicht aber durch eine Fortsetzung oder gar Ausweitung der expansiven Fiskalpolitik.

Ein Verzicht auf baldige überzeugende strukturpolitische Korrekturen sowie auf die Rückkehr zu einer nachhaltig stabilitätsorientierten Fiskalpolitik in den großen Euro-Ländern könnte künftig zunehmende Konflikte auslösen. Das gilt in besonderer Weise für die

Geldpolitik der Europäischen Zentralbank. Schon heute ist der wachsende Konflikt der Europäischen Zentralbank mit einigen Regierungen, die auf noch niedrigere Zinsen drängen, unübersehbar. Eine expansivere Geldpolitik ist jedoch stabilitätspolitisch umso weniger vertretbar, je länger die Fiskalpolitik an ihrem expansiven Kurs festhält oder ihn gar noch verstärkt. Das könnte im Gegenteil sogar eine Verschärfung des geldpolitischen Kurses erforderlich machen.

Bei einer weiterhin expansiven Fiskalpolitik der großen Euro-Länder könnten so auch mit den anderen Teilnehmerländern die Konflikte leicht zunehmen. Und dieses Konfliktrisiko vergrößert sich natürlich bei der in den nächsten Jahren anstehenden Vergrößerung des Euro-Gebietes um weitere Mitglieder. Gerade die großen Länder dürfen nicht vergessen, dass eine Währungsunion immer auch eine stabilitätspolitische Solidargemeinschaft ist, in der jedes Land auch die Verpflichtung zu einem stabilitätspolitischen Wohlverhalten hat.

Besonders problematisch an der jetzt auch offiziell eingeleiteten weiteren Auflockerung des Stabilitäts- und Wachstumspaktes ist die damit eingeleitete Erosion der Glaubwürdigkeit von Verträgen und feierlichen Vereinbarungen auf Gemeinschaftsebene. Dieser Glaubwürdigkeitsverlust könnte sich leicht auch auf andere Bereiche auswirken wie z. B. die demnächst in einigen Ländern anstehenden Referenden zur Ratifizierung des sog. Verfassungsvertrages.

Nach meinem Urteil kann der jetzt eingeleitete Erosionsprozess beim Stabilitäts- und Wachstumspakt leicht einen Rückschlag für die in langen Jahren in Europa aufgebaute Stabilitätskultur bewirken, der zugleich auch eine schwerwiegende Hypothek für die längerfristige ökonomische Entwicklung und die weiterführende politische Integration Europas bringen kann. Von großer Bedeutung wird nun zunächst sein, welche Rolle die EU-Kommission spielen wird. Denn sie trägt als Überwachungsbehörde zunächst eine besondere Verantwortung. Sie muss den Mut haben, den Ministerrat mit den harten Fakten zu konfrontieren und zumindest die notwendigen Verfahren einleiten.

*VIII.*

Nachdem ich Ihnen meine aktuellen Sorgen um die künftige fiskalpolitische Stabilitätskultur in der Europäischen Währungsunion dargelegt habe, möchte ich abschließend noch einige Worte zur allgemeinen Verantwortungsethik des Wirtschaftspolitikers sagen.

Bekanntlich hat Hans Jonas 1979 als eine Art Gegenentwurf zu dem recht diffusen Bloch'schen „Prinzip Hoffnung" das „Prinzip Verantwortung" entwickelt, wobei Verantwortung als Korrelat zur menschlichen Freiheit gesehen wird. Er hat damit den schon von Max Weber eingeführten Begriff der Verantwortungsethik aufgegriffen und den kategorischen Imperativ Kants in die Zukunft verlängert. Der Gedanke der Verantwortungsethik ist für wirtschaftspolitische Entscheidungen nach meiner Überzeugung von besonderer Bedeutung. Denn neben den unmittelbaren Effekten müssen von wirtschaftspolitischen Entscheidungsträgern immer auch die indirekten und künftigen Wirkungszusammenhänge sowie deren Folgen so weit wie möglich abgeschätzt werden.

Wenn aber Folgenorientierung den Sinn der Verantwortungsethik bestimmt, dann kann es nicht einfach um die Gewissenhaftigkeit des politischen Abwägens von aktuellen Meinungen und Präferenzen gehen, so wichtig diese auch ist. Mindestens ebenso sehr geht es um die sachverhaltsbezogene Erkenntnisfähigkeit des Entscheidenden und seiner Berater. Verantwortliches Handeln und Entscheiden setzt gerade auch im Bereich der Wirtschaftspolitik nicht nur Pflichtbewusstsein und Gewissenhaftigkeit, sondern auch möglichst weitgehende Kenntnis oder Kenntnisnahme der Kausalzusammenhänge – ich denke hier sowohl an die primären als auch an die sekundären und tertiären – voraus. Spezialwissen muss dabei natürlich in größere Zusammenhänge eingeordnet werden.

Als Beobachter und oft auch Teilnehmer an politischen Entscheidungsprozessen hatte ich schon in der Vergangenheit nicht selten Zweifel, ob die handelnden und letztlich entscheidenden Politiker diese ihre verantwortungsethischen Aufgaben immer hinreichend erkannten und sich ihnen gestellt haben. Diese Zweifel sind in den letzten Jahren jedoch gerade bei einigen deutschen Politikern größer geworden.

Meine Sorge ist, dass in der politischen Praxis von heute allzu oft kurzfristiges Denken und Handeln ohne hinreichende Beachtung der längerfristigen Wirkungen und Zusammenhänge dominiert. Das gilt gerade auch im Hinblick auf die weitere Entwicklung in Europa. Die Währungsunion war und ist aber ein Unternehmen, das für seinen langfristigen Erfolg noch viel an Weiterentwicklung auf der nationalen und der europäischen Ebene erfordert.

# Referenten

*Elmar Brok, MdEP*
Vorsitzender des Ausschusses für
auswärtige Angelegenheiten, Brüssel/Straßburg

*Privat-Dozent Dr. Stefan Mückl*
Universität Freiburg i. Br.
Institut für Öffentliches Recht

*Prof. Dr. Remigiusz Sobański*
Schlesische Universität Kattowitz

*Prof. Dr. Helmut Renöckl*
Institut für konkrete Ethik und ethische Bildung,
Linz/Budweis

*Prof. Dr. Dr. h. c. Hans Tietmeyer*
Präsident der Deutschen Bundesbank i.R.,
Königstein i.Ts.

# Teilnehmer

RA Ekkehard *Abele*, Mönchengladbach
Kurt *Adam*, Mönchengladbach
Prof. Dr. Nediljko A. *Ančič*, Split/Kroatien
Wiss. Referent Günter *Baadte*, KSZ, Mönchengladbach
Dr. Eugen *Baldas*, Freiburg i. Br.
Rudolf *Bauer*, Rheinische Post, Düsseldorf
Maria *Baues*, Mönchengladbach
Toni *Baues*, Mönchengladbach
Hannelore *Bayer*, Mönchengladbach
Ehrw. Sr. *Bonifatia*, Mönchengladbach
Priv.-Doz. Dr. Clemens *Breuer*, Aystetten
Beata *Broczky*, Budapest/Ungarn
Dr. med. Hans-Peter *Brodersen*, Mönchengladbach
RA Norbert Peter *Brüggen*, Mönchengladbach
Oberbürgermeister Nobert *Bude*, Mönchengladbach
Stadtdirektor a. D. Prof. Dr. Günther *Buhlmann*,
Mönchengladbach
Dipl.-Pol. Manfred *Bunte*, Erkrath
Bernd *Cöntges*, Mönchengladbach
Wilma *Cremer*, KSZ, Mönchengladbach
Dekan Prof. RNDr. Ladislav *Csontos*, Bratislava/Slowakische
Republik
Dr. Thomas *Dahmen*, Mönchengladbach
Dr. habil. Alžbeta Dominika *Dufferová* OSU, Bratislava/
Slowakische Republik
Prof. Dr. Leo J. *Elders*, Kerkrade/Niederlande
Ehrw. Sr. *Elvira*, Mönchengladbach
Ille *Erckens*, Mönchengladbach
Propst Edmund *Erlemann*, Mönchengladbach
Prof. Dr. med. Gregor *Eßer*, Mönchengladbach
Ehrw. Sr. *Ewalda*, Mönchengladbach
RA Wolfgang *Feinendegen*, Mönchengladbach
Pfarrer Frank-Dieter *Fischbach*, Troisdorf
Dr. Walburga *Fischer-Gottlob*, Bonn
Louis *Flapper*, Den Haag/Niederlande
Prof. Dr. Norbert *Glatzel*, Regensburg
Ass. Helmut *Harbich*, Mönchengladbach
Dipl.-Ing. Josef *Helmrath*, Mönchengladbach
Dekan Prof. Dr. Ulrich *Hemmert*, Mönchengladbach
Dipl.-Theol. Joachim *Hoeps*, Mönchengladbach
Dr. Hans J. *Jacobs*, Paderborn

Dr. Wolfgang *Johann*, Mönchengladbach
Ratsherr Martin *Kirschbaum*, Mönchengladbach
Gerda *Kunert*, KSZ, Mönchengladbach
Wiss. Referent Dr. Wolfgang *Kurek*, KSZ, Mönchengladbach
Prälat Gerhard *Lange*, Berlin
Prof. Dr. Albrecht *Langner*, Mönchengladbach
Prof. Dr. med. Dieter *Larbig*, Mönchengladbach
Marlies *Larbig*, Mönchengladbach
Monika *Lennartz*, KSZ, Mönchengladbach
Franz *Lippert*, Mönchengladbach
Ingmar *Mallis*, Mönchengladbach
Rainer *Manns*, Mülheim a.d. Ruhr
Dr. Dietrich *Mauer*, Mönchengladbach
Ursula *Mauer-Wolters*, Mönchengladbach
Reinhold *Michels*, Rheinische Post, Düsseldorf
Prof. Dr. Waldemar *Molinski*, Wuppertal
Priv.-Doz. Dr. Stefan *Mückl*, Freiburg i. Br.
Dr. Annalies *Müller,* Mönchengladbach
Priv.-Doz. Dr. Christian *Müller*, Duisburg
Margot *Müller-Schmid*, Mönchengladbach
Wiss. Referent Dr. habil. Peter Paul *Müller-Schmid*, KSZ, Mönchengladbach
Pfarrer Dr. Elmar *Nass*, Bochum
Prof. Dr. Dr. Wolfgang *Ockenfels*, Trier
Prof. Dr. Volker *Peinelt*, Mönchengladbach
Hans-Josef *Prinzen*, Mönchengladbach
Ehrw. Sr. *Raphaele*, Mönchengladbach
Prof. Dr. Dr. h.c. mult. Anton *Rauscher*, KSZ, Mönchengladbach/ Augsburg
Prof. Dr. habil. Tadeusz *Reroń*, Breslau/Polen
Dr. Dirk *Richerdt*, Rheinische Post, Mönchengladbach
Prof. Dr. Lothar *Roos*, Bonn
Dr. Wolfgang *Rüsges*, Eschweiler
Dr. Alexander *Saberschinsky*, Lantershofen/Trier
Dipl.-Kfm. Günter *Schmitz*, Mönchengladbach
Dir. a.D. Hans-Arno *Schmitz*, Mönchengladbach
Maria *Schmitz*, Mönchengladbach
Bürgermeister Michael *Schroeren*, Mönchengladbach
Studiendirektor a. D. Johannes *Schroers*, Mönchengladbach
Ronald F. M. *Schrumpf*, Leinfelden-Echterdingen
Dr. Dietrich *Schüler*, Mönchengladbach
Hubert *Schüler*, Mönchengladbach
Pfarrer Dr. Ulrich *Sellier*, Neuss
Dipl.-Kfm. Lutz *Sessinghaus*, Mönchengladbach
Prof. Dr. Remigiusz *Sobański*, Kattowiz/Polen
Prof. Dr. Manfred *Spieker*, Osnabrück

Dipl.-Kfm. Peter *Sroka*, Mönchengladbach
Albert *Steuer*, KNA, Bonn
Andreas *Süß*, Bonn
Prof. Dr. Rudolf *Uertz*, Sankt Augustin
Prof. Dr. Gerard J.M. *van Wissen*, Amsterdam/Niederlande
Christoph *Weisskirchen*, Brüssel/Belgien
Dr. med. Günter *Zentgraf*, Mönchengladbach

# Mönchengladbacher Gespräche

Bisher sind erschienen: